リクルート出身社長名簿2021

女子版

See Saw Books

本書は 2013 ～ 2014 年に出版された『リクルート出身社長名簿・女子版１－２』をもとに、その後の事実関係、数字データの見直しを行ない、さらに写真の一部を入れ替え、この７年間の動きを記事に追加して新版としたものです。

はじめに

発行人　岩崎　寿次

この本はリクルートという会社を卒業した女性社員たちの「起業」をテーマにしたインタビュー集ですが、お読みいただくにあたって、この会社について少しふれておきたいと思います。インタビューの中身がいくらかでも理解しやすくなればと願っています。

私もリクルートで19年勤務して独立しました。この、当時はとても風変わりだった会社の面接試験を受けたのは大阪・御堂筋近くの金物屋のビルの2階にある大阪支社でした。ずい分昔のことで、若い現役社員の皆さんには古生代のような話に聞こえるでしょうね。

入社が決まると勉強のために東京本社に行ってこいと言われ、けっきょく退職するまでずっと東京生活となりました。入って早々、売上げ１００億円をめざすというスローガンが大書された垂れ幕が社内を飾り、驚いたのを記憶しています。その頃の全社売上げは20億円そこそこでしたから、当時のリクルートはその規模の売上げでも目がくらんでしまう中小企業にすぎなかったのです。

先ほど風変わりな会社といいましたが、それは例えば、日経新聞を読むと会社が購読料を出してくれるとか、毎朝、牛乳やヤクルトが支給されるとか、夜8時を過ぎると残業でデスクに向かっている連中は夜食がタダで食べられるとか、そんな、誰が考え出したのやら、ありがたい習慣が山ほどありました（ちなみに夜食の一番の人気メニューは近所のキッチンジローの「タイラ貝メンチカツ定食」だっと記憶しています）。

社員より数が多い優秀なアルバイトが経験の浅い社員を叱りつけている会社でした（その多くは後に社員になったわけですが）。

月に1回くらい、「かもめ塾」という、参加自由の夜間講座が設けられていたのも珍しかったと思います。講師はまだ30代の江副浩正社長以下、当時の幹部社員の方々が務めていました。広いセミナールームで「経済原論」とか、「コンピュータベーシック」とか教わったのを覚えていますが、そこで、「隣りの八百屋がいつライオンを売り出すか分からない」（たしかこんな言葉でした）というのが繰り返されていたのは、会社は生き物だ、下手するといつ潰れるか分からないという危機感、会社は自分たちでつくるものだという当事者意識を社員に持ってもらおうということだったのでしょう。そうはいっても、たまに落語の立川談志師匠なども講師を（演目を）務めることがありましたから、そんなときは参加者がドーンと増えたのには笑えました。

風変わりなことは社内のあちこちに見受けられ、当時からお互いを肩書きで呼ばないというのもけっこう大きなリクルート文化だったかもしれません。社員同士がニックネームで呼び合い、幹部クラスが新人から呼ばれるときも、「江副さん！」「トモさん！」なのですから外からきた人は驚いたでしょうね。このことは肩書き社会の日本という先入観を持っているとよほど珍しかったのでしょう、のちに外国人社員の一人から「まるでアメリカの会社だ」という感想を聞いたことがあります。

当時の風変わりの話を続けますが、数え切れないほどの風変わりの中で最大のものは、ここの社員には日本の企業では当たり前とされた、定年まで勤めあげるという発想がまるでなかったということでしょうか。もともと独立志向が希薄な社員でもそういう風潮の中で知らず知らず独立を意識するようになるということがあったかもしれません。機会があれば飛び出してみたい、一度は自分の会社を持ってみたい、本当にやりたかった仕事に挑戦してみたい、そんな思いで飛び出していった社員があちこちで話題になり、その分野がビジネスの世界ばかりでなく、後には学校教育や政治の世界まで及ぶにいたると、リクルートは人材輩出企業だというレッテルまで貼られるようになりました。


面白いのはそんな傾向が男女を問わないことで、社員の半分を占める女性も似たりよったりの志向であったことです。会社を起こして自分の力を試してみたい！そんな男女がリクルートを離れて全国各地に飛び出していったのです。

本書をお読みになると「自ら機会を創り出し機会によって自らを変えよ」という言葉が何度も出てくることに気づかれると思います。これは入社すると全員に渡されていた青いプラスチックの卓上プレートに彫られた社訓のことで、デスクに置くと否が応でも目に入り、知らず知らず言葉が体に染み渡っていくような存在でした。リクルートには、この社訓を実践せざるをえないような、頻繁なローテーション、思い切った権限委譲などが珍しくありませんから、それで社訓＝座右の銘となった人が多いのかもしれません。

余談ですが、独立を果たして自前の事務所を持ったOB、OGたちは、辞めた後もこのプレートをデスクに置くのが通例になり、一時期は訪ねていくとあちこちで青いプレートを見かけることがありました（この言葉は現在、社訓として使われることなく、社員への配布もされていないと聞いた。残念なかぎりだ）。

リクルート創業者の故・江副浩正さんが2007年に書かれた『リクルートのDNA～起業家精神とは何か』（角川書店）にはこんなエピソードが紹介されています。江副さんが初めて自社の新卒採用を実施したときのこと。4人採用のところに2000人の応募者が集まり、しかし、筆記試験では上位100人のうち95人が女性だったそうです。もともと基礎能力が高く、ビジネスマインドも旺盛な女性がこの会社には伝統的に集まっているのだと、江副さんは好んでこの事例を取り上げていました。

7年前、リクルート卒の女性社長の皆さんにお声をかけて『リクルート出身社長名簿・女子版』をつくりました。「女子」という言葉も、あの頃ほどの新鮮さは失ったかもしれませんが、本書は当時の雰囲気を残したいと思い、タイトル、記事はそのままで、しかし、新たな装いで女性社長29人の昨日、今日、明日を語ってもらう本になりました。

女性の活躍が日本の国際的な公約となり、さらにコロナ禍を経験したことで、新しいスタイルの働き方という立ち位置から女性の存在感はこれまで以上に際立ってきています。その意味からも、「女子版」の再登場は当然のことに思えます。

断っておきますが本書はサクセス本ではありません。僭越ながら結果ではなく経過の中に学ぶものがあると思えるのです。もっと自分らしくありたい！　夢をカタチにしたい！　悔いのない人生をおくりたい！　どんな立場、環境にあっても、そんなことを思いながら悶々としたり、エネルギーを持て余している人がいたら、この本に目を通してもらえるといいかと思います。そんな方々への応援本になれたら嬉しいことです。そういうわけでリクルートとは縁のなかった皆さんにもぜひ読んでもらいたいと考えています。

末筆ながら、再びお忙しい時間をさいてご協力いただいた女性社長の皆さんに感謝し、厚くお礼を申しあげます。

では29人の女性社長の波瀾万丈をごらんください。

目次

（五十音順　敬称略）

目次

目次

リクルートグループの概要（2020年3月31日現在）

創業	1960年3月
設立	1963年8月
従業員数	4万9370名
グループ企業数	366社（2020年3月31日時点）
資本金	400億円
連結売上高	2兆3994億円
連結営業利益	2060億円
代表者	代表取締役社長 兼 CEO　峰岸真澄

URL：https://recruit-holdings.co.jp/

（同社ホームページより抜粋）

アイランド株式会社・代表取締役

粟飯原 理咲

あいはら・りさ

29歳で起業！

リクルート在職３年（2000年〜2003年）

■ PROFILE　筑波大学（第一学群社会学類）卒。1996年、NTTコミュニケーションズ㈱先端ビジネス開発センター入社、2000年より㈱リクルート次世代事業開発室・事業統括マネジメント室勤務、総合情報サイト『All About』マーケティングプランナー職を経て、2003年７月より現職。生活者の視点に立ち、同社にて『おとりよせネット』『レシピブログ』『朝時間.jp』などの人気サイトを運営する。2000年、「日経ウーマン・オブ・ザ・イヤー」ネット部門第一位受賞。

<著書など>　『朝美人の練習帖』（朝日新聞社）、『気分転換＆リラックスのコツ81』（大和書房）

■ 私のスローガン　「地に足のついたミーハー」でいること。　大学４年生、就職活動のときに考えた造語です。時代に沿ったサービスアイデアをいつも考えていくために、いつも好奇心のアンテナを立てて生きていきたいと思っています。その上で、それが単なるミーハーで終わってしまわないよう、自分なりに向き合い、組み立てて、世の中の人に、弊社ならではのサービスとして届けていきたい。そんな思いのもと精進していきたいと思います。

オフィスを開設する資金がなく最初のサービスはモスバーガーのテーブルから生まれた

Stage 1

覚悟

入社して自分自身変わったことは？

リクルートに入社する前と、入社した後で一番変わったのは「仕事への覚悟」。事業を成功させるのはほかの誰でもない自分。「自分の向き合い方」次第で育つのが事業なんだと、配属した最初の部署の上司とチームの先輩たちが教えてくれました。あのときに、甘えていた自分と徹底的に向き合ってくれた上司には今でも感謝で一杯です。

オールアバウトに出向したんですね

リクルート本社からの出向社員という形で、２００１年から、創業したてのポータルサイト『ＡｌｌＡｂｏｕｔ』のマーケティング＆広報業務に約３年間携わらせていただきました。ゼロからスタートしたウェブサイトが1000万人のユーザーを獲得、後に上場するまでの道のりには、苦楽がいろいろ。そんな中で「サービスを信じる気持ち」「絶対叶えるぞという信念」の大切さを、社長はじめメンバー皆から教えてもらったことが一番の財産です。

Stage 2

お取り寄せ

独立について聞かせてください

直接のきっかけはアイデアを思いついたことですね。弊社の主要事業である、全国の〝美味しいお取り寄せ〟の口コミポータルサイト『おとりよせネット』のサービス。それが独立のきっかけになりました。お取り寄せ＝食品通販をネットで行なうのはまだまだ普及していなかった当時ですから事業性はあると思いました。けれど、リクルート社内で提案するには規模が小さすぎる、けれど立ち上げてみたい。悩んだ末に、退職してスタートしました。

周囲の反響は？

会社員時代から、お取り寄せが個人的にも好きで(笑)、自分自身でオンラインショッピング愛好者のMLを立ち上げたりしていたため、周囲の方々からは「好きなんだね。頑張ってね」と本当に温かく応援していただきました。営業が初めてで、不安からさまざまなショップ様に立ち上げ時にお声掛けしたところ、「熱意を応援しています」と次々とご出稿をいただき、初年度から黒字スタートという信じられないほどありがたい船出でした。

会社設立前後のことを聞かせてください

スタート1年目は、オフィスを開設する資金がなく、創業メンバーで毎日モスバーガーに集まって仕事をすることに。最初のサービスは、実はモスバーガーのテーブルから生まれました(笑)。そこから初事務所開設、3度の引っ越しを経て、2012年6月、オフィスに併設して、念願のイベント・レッスンスタジオスペースをオープン。料理デモンストレーションが可能なため、さまざまな企業様と食・料理イベントなどを実施しています。『おとりよせネット』『レシピブログ』『朝時間.jp』など、女性向けポータルを運営しているため、編集部・運用チーム・広報部・イベント事業部などは女性中心。

セールスやシステム開発、経理では男性も活躍している職場です。食や料理、ライフスタイルをテーマにしているサービスを運営しているからか、男性でも料理上手なメンバーが多いのは弊社ならではかもしれません(笑)。

Stage 3

リニューアル

毎日、どんな仕事ぶり?

『おとりよせネット』『レシピブログ』などのサービスを運営しているため、編集部での試食会が頻繁

毎朝8時前くらいに出社して、午前中に打ち合わせを2本くらい、午後に3～4本くらい。展開するサービスが増え、それぞれの編集部や運用チームごとに企画会議や分析ミーティングなどを実施しているため、日中は打ち合わせ中心。夕方以降に、個人でのタスクや、企画書執筆などを行なう形で組み立てています。ウェブサービスで普段対面出来ない分、ユーザーの方に直接お会いしたいので、ユーザーイベントには出来る限り参加しています。

仕事とプライベートの両立は難しい?

趣味と仕事がほぼ一致しているので、プライベートの垣根はあまりないのですが、休日にはなるべく家でゆっくりしたり、映画を観たりして過ごしています。リフレッシュの一番の方法は、美味しいものを食べること。半分おまじないのようですが、悩んだり思考に詰まってしまったときでも、好物のシュークリーム（若しくはプリン）を食べれば、それでリセット！　気分を切り替えて前に進めると信じて実行しています(笑)。

今、どんな夢を描いていますか

オフィスには、実演用キッチン付きのイベント・レッスンスペース『外苑前アイランドスタジオ』を併設

右も左も分からない状態のサービススタートから10年。無我夢中で今日までやってきました。たまたま時代に沿い、立ち上げたサービスに支持をいただくことが出来たことは本当に幸運だと思います。日本全体の価値観や経済情勢が大きく変わろうとしている昨今。夢は、10年後、20年後も、時代の流れをその時々でとらえ、しなやかに成長し続ける会社にしていくこと。そのために、次の10年、会社としての感性を磨いていきたいと思います。

やり残しているな、と思うことは?

訪れる方々に、日々「小さな幸せ」を感じていただけるようなサービスを創りたいと思っています。そのために実現したいコンテンツ、サービス、すべてがまだ1割も出来ていない状態なので、一同で取り組んでいきたいです。ウェブのサービスは日々改善、日々リニューアルなので、永遠にリフォームを繰り返しているマイホームのよう。それが楽しさでもあり、苦しさでもあり、やりたいことでもあり、やり残していることでもあります。

会社 DATA

社名	アイランド株式会社
資本金	1600万円
事業内容	『レシピブログ(https://www.recipe-blog.jp/)』 『おとりよせネット(https://www.otoriyose.net/』 『朝時間.JP(https://asajikan.jp/)』などの女性向けポータルサイトを運営。これまでありそうでなかった「こんなサービスがあったら、自分たちもみんなも嬉しい」サービスを考え、日々の生活が豊かになるサービスの提供を目指す。2012年よりイベント・レッスンスペース『外苑前アイランドスタジオ』も運営。
従業員数	約30名
連絡先	URL:http://www.ai-land.co.jp/ E-mail:info@ai-land.co.jp

株式会社ピー・キューブ・取締役（元代表取締役社長）

池田 由利子

いけだ・ゆりこ

31歳で社長！

リクルート在職３年半（1986年~1989年）

■ PROFILE　姫路短期大学（現・兵庫県立大学）経営情報学部卒。86年、㈱リクルート入社。関西情報ネットワーク事業部配属。89年、同社退職後フリーのディレクターとして、テレビ番組「おはよう朝日です」「ワイドABCDE～す」「ニュースコロンブス」などの制作にディレクターとして携わる。その後番組制作会社を設立。タイトルCGデザインや番組スタッフ派遣のほか企業PR映像、学校紹介、観光PR映像などを制作。ネット番組では「張維中の大阪我来了」が、全映協グランプリ2010の地域振興コンテンツ部門で優秀賞。同じく全映協グランプリ2012年「ビックリ日本」で優秀賞。自主制作では「3.11からNext ～ある歯科医の挑戦～」が「ヒューマンドキュメンタリーコンテスト2011」と「もりおか映画祭2011オフシアターコンペティション」で最優秀賞を受賞など。2020年、代表を退き、代表権のない取締役に。兵庫県神戸市出身。

■ 私のスローガン　「自ら機会を創り出し、機会によって自らを変えよ」　ほかのリクルート出身者も同じかもしれませんが、この言葉よりもしっくりくる言葉を見つけられません。「人生一度きりやるかやらないか」。迷ったり悩んだりしても何も生まれない。いつも思い出すようにしています。失敗したらそこで初めて見えることもある。そしてなにより、失敗してもチャレンジする方が人生が楽しい。

「ちょっと手伝ってくれへん？と言われて飛び込んだテレビの世界は超セクハラの世界だった」

Stage 1

大騒ぎ！

リクルート入社前後の様子をお話しいただけますか

新規事業の通信分野の部門に配属されました。出来立ての部署で、まず事業部全体の半分近くが新入社員というのが驚きでした。先輩方も、先月まで『就職情報』や『住宅情報』を売っていたといった方々ばかりでした。導入研修が終わると、次の日に上司から「おまえ東京に出張して営業の売上げ計上ルールを覚えてきて」と言われ、一人で出張に。何時間もぶっ通しで詰め込みのレクチャーを受けて帰ってきたら、今度は「ほかの人に教えてあげて」と言われ、先輩庶務の方々に私がレクチャーするという大役を与えられました。

入社して2年目に、世に名高いリクルート事件※注が勃発して日本中が大騒ぎになりました。私にとっても一番印象に残る出来事でした。テレビや新聞で報道され、訳も分からず、不安な毎日を過ごしました。

そんなときでも、「自分たちに出来ることをやるしかない」と社員一人ひとりが目の前の仕事を一生懸命取り組んでいるのを見て私も強くなれた気がします。大きな問題はどうしようもない。でも小さな問題をコツコツ解決していけば、いつの間にか状況は好転していく。今でも嫌なことがあると、あの事件のときのリクルートの社内を思い出します。あの大事件を乗り越えられたんだから、私の小さな悩みなんて乗り越えられないわけがないと。

※注　リクルート事件＝1988年に起きたリクルート社による贈収賄事件。未公開株の譲渡の形で政、官、財界要人に巨額の贈賄を行なったとされた。2003年、結審。この事件を契機に、リクルートは企業としてのコンプライアンス体制の強化に取り組んだ。

辞めたのはなぜですか

女性は25歳になると結婚して仕事を辞めて子どもを生むと思っておりました。小さい頃から親もそう言っていましたし、世の中全体で「それが当たり前」という風潮でした。当然自分もそうなるものと信じ、25歳まで好きなスキューバダイビングでもやろうと思って会社を辞めることにしました。そこへ学生時代に地元のTV番組制作の手伝いをしたときに知り合ったカメラマンさんから「ちょっとスタッフがいないから手伝ってくれへん?」と言われて、朝の生放送の番組にADとして手伝いに行ったのがテレビの世界に入るきっかけになりました。そこでテレビの生放送の面白さを知り、フリーのディレクターになったわけです。

Stage 2　父と娘

思い切って飛び込んだ業界はどうでしたか

その頃のテレビ業界は男尊女卑でセクハラが尋常ではなかったです。当時、大物タレントのTさんがお酒を飲みながらスタジオでゲストとトークする番組がありました。Tさんがベロベロに酔っ払ってADを殴る事件があったのですが、その後、「女なら殴らないだろう」ということで私が担当になりました。暴れたときに止めに入るのが私の仕事でしたね。幸い、殴られませんでしたが、男子トイレの中でオシッコしてるのを見てろと言われた事もありました。今では考えられない超セクハラです。

当時は男性社会でしたが、今は活躍されている女性スタッフも多くなりました。視聴者は女性の方が多く、「女性目線」も大切なので。

会社をつくったのですね。フリーランスでもよかったのでは？

初めはフリーランスで番組制作をやっていましたが、あるとき担当番組を代わることになって、そのときに、それまでやっていたことを誰かに引き継いでいきたい。私の仕事の形を残していきたいと思ったのです。それが会社設立の目的でした。そこで周囲でアルバイトをしていた人たちを誘いマンションの一室を借りて法人登記をし副社長に就任しました。実はその後、そのとき一緒にやっていた人と意見が合わなくなり、3年後に会社を2つに分けて私は新しく会社を設立。「ピー・キューブ」という社名と事務所を引き継いで社長になりました。

2016年ピー・キューブ20周年記念パーティー。たくさんの方からお祝いしてもらった

順調にスタート出来たのですか

いいえ（笑）。すぐにピンチがやってきました。どうしても機材が必要になって、銀行から１０００万円の借り入れをしたのですが、「保証人が必要」と言われたのです。頼める人は父しかいません。そのとき、ちょうど阪神大震災の直後でしたから、実家は全壊し、小さな借家住まいの父にお願いするなんて「なんて親不幸な娘なんだろう」と、しばらく悶々としていました。すると父から電話が入り、暗い声で「家のローンの保証人になってくれ」と。私は速攻、「いいよ！　なるなる」と。こうしてお互いがお互いの保証人になったんですね（笑）。

Stage 3 ビックリ日本

それから20年近くたってどんな状況ですか

現在は、テレビの情報番組の制作・ＣＧ制作・機材オペなどが仕事の大半です。私は88年のリクルートのスローガンだった「情報が人間を熱くする」という言葉が大好きなのですが、情報番組制作はまさに通じるところがあると感じます。映像を使うと表現の幅が大きくて面白い。視聴者に愛される地域の番組は、やっていて楽しい。生放送中に緊急のニュースが入ると緊張で手に汗をかく事もあります。そんな具合に臨機応変さが必要な生放送に魅力を感じているスタッフも多いです。

2018年　代表取締役社長を退任し、奥田祐司を新社長に

これからどんなふうに事業を展開していきたいのでしょうか

私は地元を知ることが大切と思っているので、仕事も関西ローカルのテレビ番組の制作を中心にしてきました。だけど、４年前から「関西から世界に」というのを目指すようになり、在日外国人をスタッフに入れて、「海外から見た面白い日本」をテーマに『ビックリ日本』というネット番組を毎週配信しています。Youtubeや、中国の優酷、Gyao！などの動画サイトでシリーズ合計再生回数は５０００万回を超えました。観光、商品、学校など、どんどん日本を海外にＰＲしていきたいですね！

こんな具合に、私が好き勝手に新しいことにチャレンジすることが出来るのは、うちのスタッフが皆優秀で私がいなくても、そこそこ会社は回っているからです。このことは、常日頃から感謝しています。東日本大震災のときなどは、私が東北にボランティアに行っている間に、採用の仕事まで自主的にやってくれていて、帰ったらスタッフが増えていたので驚きました（笑）。

来年で会社設立20年になります。彼らに好きな事業を考えてもらい、社内ベンチャーの立ち上げを全部任せてみたいと考えています。

これから力を入れていきたいことは?

地域活性の仕事がしたいですね。実は去年の８月に飛騨高山に支社を出しました。10年以上勤めてくれていた女性社員が実

5:09
衝撃
外国人が驚いた!
日本の風習とは…
P-CUBE
池田由利子
取締役
日本から海外に発信することが
大切なのではと思い

いつもは取材する側だが、弊社の「ビックリ日本」がＴＶや新聞で何度も取り上げてもらった

家に帰りたいと言うので、「それなら支社つくる?」と。おかげで飛騨高山の事は詳しくなりました。「海外から見た日本」が面白いのと同じで、ほかの地域から来た人のほうがその地域の魅力に敏感だったりするのです。よそから来た人が地元の人と組むと面白い地域活性が出来ると確信しています。

今、頭の痛い問題ってありますか

国際社会の問題ですね。社内では台湾人と中国人のスタッフが仲良く『ビックリ日本』を作っています。でもネットで彼らの悪口を書く人が多い。「売国奴」とか「ブス。国の恥」とか。とくに尖閣問題をはじめ、政治的な問題があると悲しくなるほど酷いです。多分本人たちはもっと傷ついていると思う。政治的な問題は私たちでは解決出来ないわけですからね。

でも、日本をいろんな形で海外に発信していく仕事は今こそ大切だと感じます。そして外国人スタッフと、応援してくれている視聴者に心から感謝しています。情報で人の心を暖かくする。今はまだ赤字ですがこの事業をきちんと軌道に乗せたいです。

会社 DATA

社名	株式会社ピー・キューブ
設立	1996年
資本金	1000万円
年間売上高	1.7億円
従業員数	35人
事業内容	TV番組・映像制作　CGデザイン　スタッフ派遣
連絡先	〒553-0003 大阪市福島区福島1-3-4 abcd堂島ビルII 3F URL：http://www.pcube.co.jp E-mail：ikeda@pcube.co.jp

池田 由利子　(株)ピー・キューブ

最近の私と会社

２０１８年の7月、私は代表取締役社長を退任し、当時の副社長の奥田祐司に譲りました。リクルートの創業社長、江副浩正氏もまた51歳で社長職を退かれたので、私も50歳前半で代表を退いて後継者にと思っておりました。新社長の強い希望で私は会長にはならず、取締役として残っております。

退いた途端に、大阪で地震や台風災害があり、さらに今年は新型コロナと大変な事が続いていますが、心から「私が社長でなくて良かった」と思っています。

私は創業社長にありがちな「運」と「カン」と「縁」に頼るタイプなのですが、今の社長は、きちんとした組織として社長とチームリーダのもと計画的に論理的に組織づくりをしてくれています。

社長をやっている仲間からは「どうしたら次の経営者をうまく育てられるの?」と羨ましがられますが、たぶん社長が私のようにチャランポランだと、部下は「この人に任せていたらアカン」と危機感をもってくれるようです。

今は、経理のチェックと遊軍で人手の足りない所にお手伝いに行っています。現場仕事は楽しく、先日、ひさしぶりにADとして番組のエンドロールにもクレジットされました。

テレビ業界の事ですが、現在はセクハラも随分無くなり、女性スタッフの方が多いという番組も増えました。これからは、男女に関係なく後輩たちの後押しが出来ればと思っております。

株式会社 Happy relations・代表取締役

石原 かおり

いしはら・かおり

37歳で起業！

リクルート在職8年（2001年~2009年）

■ PROFILE 島根県松江市出身。1993年、広島トヨタ自動車㈱入社。新車営業。社長賞、優秀社員賞など受賞。1996年、㈱リーガロイヤルホテル広島入社。カウンターセールスにて婚礼件数目標1000件を達成。2001年、㈱リクルート入社。Hot pepper 広島版にて営業と代理店渉外を担当。月間約100件の案件を担当。支社長賞、月間、通期ＭＶＰ、準ＭＶＰほか数々受賞。
2006年、美容組織アーバン美容グループのゼネラルマネージャーに就任。東京に転勤。営業組織での売上げ数字を伸ばし異動３カ月でグループ表彰を受ける。2007年、品川田町編集部編集長2008年営業統括部人事教育グループに所属。2009年、リクルート退職。東証一部上場企業入社を経て、現在に至る。

■ 私のスローガン 「関わる人を幸せに」 会社のロゴをデザインしてくださったデザイナーさんが今年亡くなられました。会社を設立することをとても喜んでくださり、いつも応援してくださっていました。このロゴは社名の由来「関わる人を幸せに」とともに、一生大事にしていきたいと思う。関わる人に誠実で、一生懸命、強くてやさしい人間でありたいと思っています。

起業して直後に父が他界、会社は休業状態に。涙をぬぐいながら再スタートを切った

Stage 1

広島から発信

リクルートではどんな仕事だったのですか

「コミュニケーションネットワーク」という部署で高校渉外業務を担当しました。高校生の進路決定をするうえでの情報提供や、講演・出前授業などの担当でした。その後、まだ立ち上がったばかりの「Hot pepper」誌営業に異動。業種問わずの営業→飲食営業→美容室専任、という形で営業を続け、美容専任チームの立ち上げメンバーとして、リーダー業務をしながら100件強のクライアント担当と、代理店渉外をしました。東京に転勤してからは、アーバン美容グループゼネラルマネージャー、統括グループ人事教育課に所属しました。

中国支社支社長賞、MVP、準MVP何度も受賞しましたが、回数は覚えていません。まだ今のように「Hot pepper」がメジャーではなかった頃、飛び込み100件を毎日。広島の美容専任チームリーダー

の頃、メンバーと団結して全国で表彰される実績をつくり、全国レベルの営業ナレッジ（知識）を広島発信で出来たことや、広島が表彰されたことをクライアントにお礼を言いにまわったとき、泣いて喜んでくれるオーナーがいたことが、とても印象に残っています。

そうするうちに起業への気持ちが高まったのですね

そうです。営業、管理職を体験して思ったことは「チームで戦うことの素晴らしさ」。私１人では成し遂げられないことも自分のミッションに集中することでお客様への価値の提供が出来、会社に利益をもたらし、社会貢献にもなります。私は１人起業でしたが、枠を「会社」ではなく「美容業界」と捉え、自分が関わるお客様を幸せにすることに集中すれば、未知・既知問わず同業界で仕事をする人たちと「チームで戦う」ことが出来るのではないかと考えました。

Stage 2 休業

起業時は大変だったようですね

２０１０年10月、東京で起業しました。起業前から気になる会社に電話でアポを取ったりして、準備をすすめてきました。

実家は島根ですが、東京に住んでいると多くの情報や人に早く直接触れることが出来る。だから当面は東京でビジネスの柱を立て、それから仕事の基盤をつくった広島に戻ろうと考えていました。ところが、翌月の11月に父が事故で他界。母が心労から体調不良になり、つきっきりに。起業した翌月に休業状態になってしまったわけです。何もかも白紙から考えないといけなくなる。先が見えず毎日動悸がしていました。

父の他界による休業状態は1カ月間。依頼を受けていたリクルートからの仕事の目標達成は無理かと思いました。仕事に戻り、泣きながら客先へ向かい、店の前で涙を拭い仕事をする日々。必死でやった結果、1カ月のロスがあったにも関わらず目標をスピード達成。その後岡山、広島での仕事もいただき、当時ジャッジしてくださったり、サポートしてくださった関係者の皆さんには本当に感謝しています。

軌道に乗って改めて分かってきたことは？

社長の気持ちですね。以前からなんとなく分かったような気がしていたんですが、改めて。小さな会社ですが、自分の会社を持ってみて初めて分かる、感じることがたくさんあるのだと理解しました。以前は「会話が浅かったなあ」と感じることも。

独立してすぐの頃、元リクルートの他事業部にいらっしゃった先輩で、起業されて何年も経つ方と食事した際、こう言われたんです。「会社に所属してるとか独立してるとか関係なく、人は常に孤独だし、仲間はどこにでもいる」と。この言葉と考え方に勇気をもらいました。

お母様も経営者なんですね

はい。母のことは、経営者としても人としても女性としても尊敬しています。母の経営する店は小さいながらも２０１３年に40周年を迎えました。田舎の小さな町で２００名の40周年パーティーを企画した際、会場のホテルの方から「歌手が来ても２００名の集客は難しいですよ」と言われたんですが、実際に集まったのは２００人を超えるお客様。定員オーバーで盛大なパーティーをやりきりました。人とのつながりをずっと大切にして、お客様と長くお付き合いをしていける。誠実でパワフルであったかい、私の目指す女性ですね。

Stage 3 パートナー

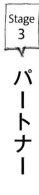

まだまだ、新たな挑戦を続けているようですね

1年間、学校に通ってカウンセラーの資格を取りました。コーチングも勉強中です。学生時代に心理学を少し勉強していたのもあり、人の心理に興味があります。最近は行動経済学の本を読み漁っています。現場主義なので、日々関わるクライアントやその先のスタッフさんの発言や課題から「どうして?」を感じ、「どうやって?」を深堀りしたり、自分の講習後一人ダメだしをしてそれをクリア出来る方法を考えたり。日々勉強です。

プライベートとの両立は出来ていますか

実はとても苦手。ついストイックに仕事人間になりがち。徹夜をしようが誰も注意する人はいないので、そうなるとついやりすぎてしまうタイプなんで

講習は受けて終わりにならないよう、現場で活かせるような内容にしている

すね。時間管理が自分次第な分、隙間の時間にジムに行ったり、買い物をしたり、休みを1日単位で捉えるのではなく、時間単位で「今から2時間はお休み」と切り替えて、意識的かつ細切れで休みを取るのが日常です。それから、旅行の予定を立てて、それを目標にスケジュールを組んでモチベーションを上げることもあります。

オーナーとのお打合せはもちろん、現場スタッフとの打ち合わせやコミュニケーションも大事にする

これから取り組むべき経営課題について教えてください

美容室に特化しているからにはそれを強みとした専門性が高く、自社ならではのサポートをしていきたいと考えています。

そう考える中でいくつかやりたいことが定まってきましたが、自分ひとりでは無理。ずっとパートナー探しをしていますが、なかなか見つかりません。これが今後の大きな課題ですね。

東京オリンピックが目標だそうですね(笑)

２０２０年の東京オリンピックの年は会社が10年目になります。まず目指すのは、それまで会社があること(笑)。存在するからには関わるお客様から喜ばれる仕事が出来ていて、自分らしく仕事を楽しんでいたい。会社を大きくするつもりはないんですが、何人かスタッフが増えて、そのスタッフ１人１人がサロンにとってなくてはならない存在になっていてほしいと考えています。

＜女性たちへのメッセージ＞

私の周りには、やりたいことが見つかっていても不安ばかり大きくなってなかなか行動に移せずにいる女性がたくさんいます。会社の規模や従業員の数はもとより、世間からどう見られるかを気にせず、自分らしく強みを活かして誰かの役にたてることに挑戦してみることをおすすめします。本気で取り組んだ分、お客様からの評価をダイレクトに感じられるのは何より喜びですし、助けてくれる人も現れてくるものですよ。

会社 DATA

社名	株式会社 Happy relations（ハッピーリレイションズ）
設立	2010年
資本金	500万円
従業員数	2名
事業内容	美容室特化型営業サポート
連絡先	URL：https://happy-r.info/ E-mail：ishihara@happy-r.info

最近の私と会社

目標達成出来たこと

当時目標に掲げていた「2020年まで会社が存在すること」について達成したことに、クライアントやスタッフ、まわりの方に感謝しています。

また、当時よりも関わってくれるスタッフや外部のパートナーも増え、感謝しながら経営を続けています。

最近の私

どうにか会社も10年を迎えさせてもらえて、今では美容室に特化したコンサルティングのほか、自身の管理職経験、経営者としての経験を活かして、美容業界に絞らず、中小企業対象にビジネスコーチングもスタートし、新たな使命を感じています。

今年3月には2年間の大学院生活を経てMBAを取得しました。この本が最初に出た頃には想像すらしていなかった未来でした。経営をしながら勉強をすることは自分のキャリアや仕事、クライアントへの影響がどう変化するのか、この経験もまたいつか誰かの役に立てることがあるのではないかと、さらに経験に貪欲に自分らしく生きているなと感じています。

経営理念である、「関わる人を幸せに」の輪をもっと広げられたらと考えています。

10年の振り返りをするこのようなきっかけをいただいてありがとうございます。

株式会社 NIE・E カレッジ・代表取締役

大石 泉

おおいし・いずみ

37歳で起業！

リクルート在職 15 年（1986 年～ 2000 年）

■ PROFILE　関西大学（法学部法律学科）卒。㈱リクルート入社後、『週刊住宅情報・関西版』の部門で、企画、編集、進行管理、審査、制作に従事した後、2000 年にファイナンシャル・プランナーとして独立。2007 年に㈱ NIE・E カレッジを設立し、2009 年より代表取締役。コンサルティングや研修を通じて個人と組織の成長をサポートする。2013 年、個人の夢の実現をサポートするツール「人活・ライフカード」を制作。同年、一般社団法人「夢の実現サポーター」を設立。個人が夢の実現に向かって自分らしく行動し続ける、愛に満ちた豊かな世界の創造を目指す。
<著書など>『「自分らしさ」をかなえる！　女性のためのマンション選びとお金の本』／平凡社）

■ 私のスローガン　一度きりの人生を自分らしく豊かに！　「四十にして惑わず」という孔子の言葉は有名ですが、これは「五十にして天命を知り、六十にして耳順う」と続きます。そして七十の「心の欲する所に従いて矩を踰えず」となるのですが、この七十の孔子の心情こそ、私が目指す「世のため人のため自分のための言動が自ずと一致する愛と尊重に満ち溢れた well-being（幸福）な世界」です。個人が夢を叶い続けることが、豊かな世界の実現に繋がれば、これほど素晴らしいことはありません。

「目の前の状況だけで住宅を購入する
若いカップルたち。なんだか違う？
そこでファイナンシャル・プランナーに」

Stage 1

入社決定

リクルートに入ったきっかけは何ですか

就職のときは働き方にこだわって、男女の区別なく働ける会社を探していました。男女雇用機会均等法が翌年施行されるのですが、世間はまだまだそういう風潮ではなく、総合職は金融機関が中心でした。リクルートで働く先輩のもとで就活報告のバイトをしていたのですが、「来週、総合職採用の保険会社の役員面接に行く」と話したら、先輩が「ちょっと待って」と、上司の富永さんを連れて入ってこられました。富永さんはいきなり、「あんた、屈託ないか」と質問され、私は意味が分からず、反射的に「ハイ！」と答えると、その瞬間にリクルートへの入社が決まったようです。バイトだと思っていたのはリクルートの採用活動だったのですね。

いざ入ってみたら?

内定者時代も含め、『週刊住宅情報』のスタッフ部門で働きました。制作マン時代は、営業マンと一緒にクライアントへ提案に行き、土日は現場で来場者にモデルルームを案内するなど、男女の区別なくモーレツに働きました。あるとき、N不動産の広告で電話番号を間違えるという大失敗をしてしまいました。その番号の所有者のお宅へお詫びに伺ったら、すでにN不動産のK大阪支店長が謝りに来られたということで穏やかな対応をしていただきました。印象深いことでしたので、その体験をテーマにした論文を社内の成果発表の場である「ガルコン※注」に提出しました。リクルート役員がある会合の場で、東京転勤となったK氏との話題に私のガルコンを取り上げてくださり、その様子をあとで電話してくださったことがありました。役員からのダイレクトコールに驚き、社員への目配り、フィードバック力、組織の風通しの良さなどを実感しました。あってはならないミスですが、このことで私は誠意をもって行動することの大切さを学びました。

※注　ガルコン=年1回実施されるリクルートの社内論文コンテスト。Recruit Seagul Contest の略。

ファイナンシャル・プランナーとの出会いは?

当時、若い夫婦が長期的な視点を持たずに、「今、買える」という目の前の状況判断のみで住宅を購入している場面によく遭遇しました。バブルの余韻が残っていた頃ですね。「なんだか違う」という直観が積み重なり、アンテナが立っていたためか、「ファイナンシャル・プランナー(FP)」という仕事があることを知りました。「これだ!」と思って、日本FP協会のAFP(ファイナンシャルプランナー資格の種類)資格を取得したところで、「FPは天職だ」との思いに駆られ、独立を考え始めました。独立するには上級資格であるCFP(ファイナンシャルプランナー資格の種類)が必要だと思い、働きながらではなく会社を辞めて勉強に集中する道を選択しました。２０００年の春に退職、そして「イッツアＦＰオフィス」を立ち上げ、10月にＣＦＰを取得しました。

Stage 2

ＦＰ講座

会社設立時のエピソードをお聞かせください

日本ＦＰ協会が実施する研修講座の一つに「情報の取り方・活かし方」がありました。日経新聞を教材にした講座は大変面白く、この新聞の読み方・活かし方をリクルート時代に知っていれば、クライアントや社内への提案内容も変わっていたのではないかと思うほどでした。何度も通っているうちに、当コンテンツを広めたいとの思いに駆られ、コンテンツの母体であるＮＰＯ法人全国ＮＩＥ・Ｅ[※注1]指導委員会の指導委員養成講座を受講して、コンテンツを広める指導委員資格を取得。活動しているうちにリクルート時代には接点がなく、かもめのＭＶＰ[※注2]写真でしか知らなかった山口俊介さんが同じ指導委員だと分かり、山口さんのサポートを受けて株式会社ＮＩＥ・Ｅカレッジを設立することになりました。山口さんとのご縁がなければ、弊社は存在していませんでした。心より感謝しています。

※注1　ＮＩＥ・Ｅとは、「Newspaper in Education of Economy（新聞による経済教育）」の頭文字。

※注2　ＭＶＰ＝事業部単位、部課単位で行なわれる表彰制度。営業部門だけなくスタッフ部門も対象になっており、四半期ごとに選ばれるのでかなりの数のＭＶＰが誕生する。

新聞の読み方なら学生もマーケットの対象になりそうですね

そのとおりです。「学校では習わない新聞の読み方」、「ハウツー本では分からない旬の新聞記事のリアルな活かし方」といった講座を企業の新入社員研修で行なっていた際、ご担当者が「このコンテンツは素晴らしい。学生のうちに身に付けて入社してくれればなお良い」とお話しくださいました。ならば、と指導委員仲間で手分けし、大学・短大をローラー作戦で飛び込み営業しました。リクルート時代は一度も営業職に就いたことはなく、「大石さんが飛び込み営業？」と驚かれましたが、大学の先生方はとても紳士的でよく話を聞いてくださいました。ただ学校には予算がなく、初受注はテレフォンカード1枚だったことも、今では良い思い出です(笑)。そのようなスタートでしたが、学校ではその後、新聞の読み方だけではなく、弊社の持ち味を活かした、自己分析、応募書類の書き方、面接訓練、コミュニケーション、ビジネスマナーなど、一連の就職活動をサポートする講座へ発展していきました。

Stage 3 師匠

人脈を大切にしているとお聞きしました

自分はつくづくラッキーだと思うのは師匠の存在です。先のNPO法人NIE・E委員長の細矢は昭和11年生まれ。新聞情報を巧みにビジネスや運用のインテリジェンスにつないでいく達人です。また、私を経営哲学や人としての生き方の面から支えてくださっているのは、泉事務所の泉和幸先生です。大学では哲学科を専攻、新聞記者一筋で来られた師匠は、昭和5年生まれです。お二方とも現役で頭脳明晰。知識だけでは

相談＆カウンセリングでは、クライアントの元気と勇気と夢の実現をサポートしている

なく過去の経験やデータに基づいて情報をつなげていく力は震えるほど凄く、師匠の背中を目標に出来る幸せをかみ締める毎日です。目下、泉先生が若手経営者向けの講話でよく引用される中国古典を勉強中です。

親愛なるパートナー、安達とは、「一般社団法人夢の実現サポーター」を立ち上げました。そこでは自分の行動シーンを振返る「人活®ライフカード」というツールを開発して、「夢の実現サポーター」の養成講座を行なっています。自分らしく生き、夢の実現に向かって人生を楽しむ人でいっぱいの世界を創りたいと考えています。

マンションセミナー。ポイントが正確に伝わること、セミナー後に自分らしく行動出来ることを心がけている

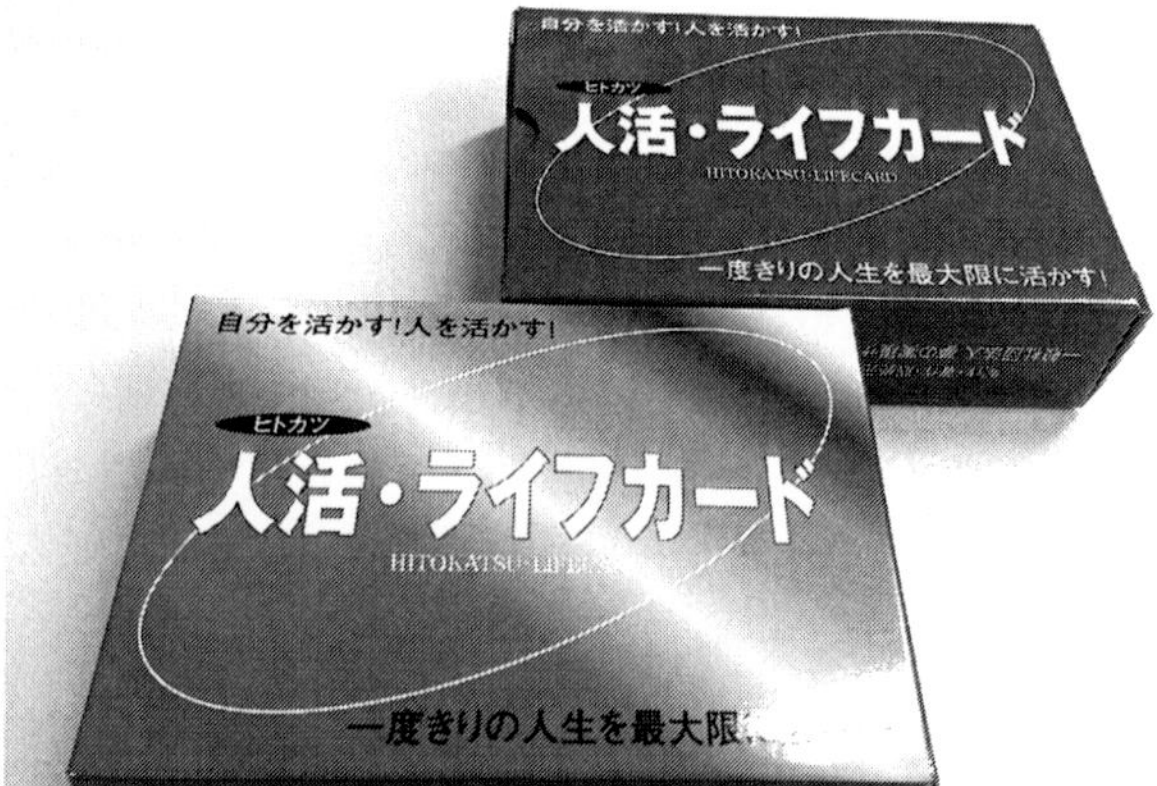

自分と相手の自分らしさ発見ツール「人活(ヒトカツ)®ライフカード

会社DATA

社　　名　株式会社NIE・Eカレッジ（エヌ・アイ・イー・イー カレッジ）
設　　立　2007年
資 本 金　700万円
企業理念　個人と組織が自分らしさを発揮出来る環境を創造し、正確で役立つ情報のもと信頼に満ちた豊かで成熟した社会の進歩に貢献する。

事業内容
【内容】
- 組織&人事コンサルティング、持ち味コンサルティング
- 企業研修、人材育成実行支援
- キャリア開発支援

【対象】社員、職員、中堅社員、女性社員、新入社員、内定者、大学・短大生
【研修メニュー・カテゴリ】キャリアデザイン、キャリア開発、自己分析、ライフプランニング、マネープランニング、資産形成、豊かなセカンドライフプランニング、ビジネスマナー、ビジネスコミュニケーション、住宅取得、ほか
【研修テーマ】「新聞による経済教育～情報の取り方・活かし方講座～」、「私の持ち味発見講座」、「自分を知る！人活（ヒトカツ）ライフカード活用講座」、「就活講座」、ほか　※研修内容は、課題に応じてカスタマイズ出来る。

連 絡 先
<東京オフィス>
〒102-074　東京都千代田区九段南1-56 りそな九段ビル5F KSフロア
<大阪オフィス>
〒530-0012　大阪市北区芝田2-319 東洋ビル本館206号
URL：http://www.izumi-ohishi.co.jp/
E-mail：office_ohishi@kzf.biglobe.ne.jp

大石　泉　(株)NIE・Eカレッジ

最近の私と会社

新・事業領域「〝知りたい人〟と〝伝えたい人〟の出会いの場」万財.com　万の知的財産をあなたに届ける〝万財.com〟を立ち上げました。https://man-zai.com/　より良い社会のためにインテリジェンスやコンテンツを伝えたいという思いのあるプロと自分の成長と豊かな暮らしのために情報を得たい学びたいと考える個人をセミナーやイベントでマッチングさせるサイトです。

NIE・Eカレッジでは、この万財.comを加え、6つの事業領域にて事業展開を行なっています。

・ライフプランニング＆マネープランニング　・キャリアコンサルティング　・情報の取り方・活かし方　・住宅取得サポート　・万の知的財産をあなたに〝万財.com〟

webセミナー、webコンサルティング　遠方の方や隙間時間の有効利用をお考えの方の要望にお応えし、webによるコンサルティングやセミナー、研修、勉強会を行なっています。

心とお金のカウンセリング　キャリアでもマネーでも、ご相談の場面では「何となく不安」と口にする方が多くいらっしゃいます。安易な解決法に頼らず、自分の内面と向き合うことが大切です。心とお金のカウンセリングでサポートいたします。

書籍のご案内　入社前から先取り!日経新聞の読み方・活かし方　(すばる舎)

https://amzn.to/2Uvdh94

投資デビュー!ライフプランを実現するお金の知識　(平凡社　新書)

http://www.heibonsha.co.jp/book/b183468.html

自分の未来は自分で創る!　確かな情報を支えに、今日の自分を超える明日の自分でありたいです。

株式会社デザインクラブ・代表取締役社長
一般社団法人日本インテリアアテンダント協会理事長

小川 千賀子

おがわ・ちかこ

38歳で起業！

リクルート在職5年（1979年～1984年）

■ PROFILE

リクルート時代は、週刊就職情報、とらばーゆ、ベルーフなどの情報誌部門を担当。制作部で仕事をした後、審査業務へ。結婚後はリクルートコスモス設計部、コスモスモア　デザイン設計部。夫の転勤に伴い、コスモスライフ　リフォーム課で務めた後フリーとして独立。1年後、㈶兵庫県中小企業振興公社（現 ㈶ひょうご産業活性化センター）の出資を受けて、1998年4月1日に㈱デザインクラブを設立。現在に至る。

＜著書など＞『私は子供が大嫌い…だった。』（主婦の友社）
『住まいをもっと楽しくするイマドキの方法』（カナリア書房）

■ 私のスローガン　「自ら機会を創り出し、機会によって自らを変えよ」

この言葉にいつも叱られ、励まされ、勇気づけられてきました。

チャンスを創りだすのは自分自身。リクルートのDNAが、息子の言葉が、仲間が助けてくれる

Stage 1

ベンチャー育成

リクルートはどんな職場でしたか

入社したとき、何もない机に、「自ら機会を創り出し、機会によって自らを変えよ」という青いプレートが置かれていました。

言葉がストンと心の奥に落ち、以降、社会人の私の座右の銘になっています。入社後は、『就職情報』や『とらばーゆ』、『ベルーフ』などの週刊情報誌の制作部門で仕事をしていました。審査室のお仕事も大変やりがいがありました。エンドユーザー（読者）のことを常に忘れてはならないことを教わりました。

多くの尊敬する上司たちにも出逢いました。なかでも、最も尊敬する神山陽子さんと出逢えたことに深く感謝しています。多くの学びをいただきました。当時の神山さんが28歳だったなんていまだに信じられません。凄い上司でした。とっても厳しいけれど、本当に人にあたたかい方でずっと尊敬しています。

そんななか、独立を決心したんですね

37歳のとき、一度リクルートの「かもめ」のバッジをはずして一人でやってみようと思いました。その頃阪神淡路震災復興事業の一環として、神戸のベンチャー企業を育成する制度があり、ご縁があって、ビジネス計画書を提出したんです。審査の結果、兵庫県の公的財団（財）兵庫県中小企業振興公社が出資をしてくれることになり、38歳のとき、㈱デザインクラブを設立することになりました。

一人だけの独立はそんなに不安はありませんでしたが、出資をしていただき、会社を設立することになると、一人だけでは済まず、人を巻き込むことになり、とても不安がありました。二人の息子に「やりたいんでしょ？だったらやれば？やらないと後悔するよ」「跳び箱と一緒だよ。無理そうに思っても、飛びたいって思って、思い切って飛んだら飛べるよ」と言われ、この言葉に背中を押されました。今でも覚えていますし、感謝しています。

Stage 2 走り続ける

会社設立とそれからしばらくは大変だったようですね

3月14日に出資が決まり、4月1日に会社設立まで、怒涛のような毎日でした。兵庫県の財団からは49％、500万の出資でした。私はそれを上回らなければならず、保険なども解約して集められたのが510万。当初、「資

一般社団法人日本インテリアアテンダント協会の企画会議中。どんどん意見が出され、新しいチャレンジにも意欲旺盛です

本金が1010万の、この10万は何ですか？」とよく聞かれ、営業中によくその話をしました。

会社を設立したのはいいのですが、どれだけ営業に回っても会社がやっていけるだけの受注はなく、設立3カ月めで、「もうダメだ」と思いました。1010万のなけなしの資本金は、どんなに節約してもあっという間に消えていきます。株主に「泣いている暇があったら営業してこい！」と言われ、再度発奮。リクルートで学んだDNAのようなものに火がつきました。株主総会、銀行とのおつきあい、資金繰りなど、知らないことばかり。周りの方に教えていただきながら走ってきた感じです。

現在の状況を教えてください

主に住まいのデザインを手がけています。住宅のモデルルームのプランニング・デザイン・コーディネートのお仕事と、ホテル、介護施設、店舗、などのお仕事をさせていただいています。エンドユーザー向けに住まいのデザインレシピを公開する「すまレピ」という自社サイトの運営も行なっています。また、2013年に、一般社団法人日本インテリアアテンダント協会を設立し、住まいに関する学びの場を創り、住まい文化の向上に努めています。現在、「インテリアアテンダント」は文科省所管一般財団法人生涯学習開発財団の認定資格になっています。

今、共に仕事をし、頑張っている仲間は20名。この仲間たちこそ私の宝ものです。良いときも、苦しいときも、共に知恵を絞り、ときには激しく議論し、結果、共に喜べることを、とても幸せに思っています。

Stage 3 めざす会社

これから、どんな会社にしていきたいと考えていますか

みんなで、心身共にイキイキと働ける会社を目指しています。仕事も一生懸命、遊びも一生懸命でありたいと常に社員と共有するようにしています。女性たちが多く活躍してくれている会社ですので、結婚、出産、子育てとの両立はまったく問題ありません。ただ、社員のご主人の転勤には少し困りましたね。でも、そのおかげでみんなで知恵を出し合い、新しい制度を創ることが出来ました。その社員にはご主人と一緒に新しい場所に引っ越した後も引き続き営業部のマネージャー（正社員）として働いてもらっています。働きやすい環境を整えるには、まだまだほかにも新しい制度を創らなくてはなりません。

生活者の視点を忘れず、井戸端会議のような対話を通して課題を抽出し、共有し、事業者にフィードバックしていくことで、生活者と共に良い循環を創り、生きる活力を育む住まいをもっと楽しくし、しあわせ創造をしていきたいと思っています。きっと10年後、20年後は、もっともっと新しいライフスタイルになっていると思います。デザインクラブの事業領域も、ぐんと広がり、様々な事業に発展していると思います。今からワクワクしています。

＜女性たちへのメッセージ＞

人生まだ半ばの私が女性たちへメッセージを送るのも恥ずかしいのですが……。結婚、出産、子育て、介護、と様々な転機がやってきますが、どちらかを選ぶのではなく、どちらも手に入れる方法を考えてみるようにしてほしいと思います。一度しかない人生です。仕事も、家庭も、女も自分の全部、と思って、欲張りに生きていけると素晴らしいと思います。

小川 千賀子　(株)デザインクラブ

最近の私と会社

3年前の夏、飛騨高山で築100年を超える建物に出逢い、2年前の春「庭」をテーマにした『草の庭』をオープン。それを皮切りに高山で3棟、兵庫県で『星と風の庭』をオープンしました。地方行政と連携しながら集客と空家の利活用に力を入れています。『庭の宿』シリーズは欧米の方々から高いご評価をいただき、最近では日本の方々からも高くご評価いただくようになりました。「暮らすようにステイする旅」で、日本各地に自分の別荘がある暮らし方を提案していきたいと思っています。また、観光資源の少ないエリアでは、普段の暮らしぶりやすでにあるものを活かしたイベントを企画し、若い人たちが行き交うまちづくりに貢献したいと思います。女性目線で考える「ひとづくり・ものづくり・しごとづくり」を通して、の地方創生のお役に立っていきたいと思います。私個人としては、仲間に会社のバトンを渡せるようにそろそろ準備を始めたいと思っています。

会社 DATA

社名	株式会社デザインクラブ
設立	1998年
事業内容	住宅・ホテル・店舗などのプランニング・デザイン 建物の室内計画のコンサルタント モデルルームのコーディネート ホテル・商業施設などの家具製作及び取付 インテリア商品のデザイン及び販売 住まいのレシピ「すまレピ」の企画運営 教育教材の企画・販売ほか
連絡先	〒650-0034　神戸市中央区京町76-2 明海三宮第2ビル8階 URL：http://designclub.co.jp/ E-mail：ogawa@designclub.co.jp

株式会社 B-map・代表取締役社長
※一般社団法人キャリアブランディング協会・理事長を兼務

勝谷 桂子

かつたに・けいこ

50歳で起業！

リクルート在職 27 年（1984 年～ 2010 年）

■ PROFILE 早稲田大学（教育学部社会学科）卒。㈱リクルート入社後、人材領域（HR）事業一筋に 27 年のキャリア。最初の配属は、就職情報誌事業部神田営業所、企業の求人広告営業に携わる。ギネス売上げ 10 億円／年を記録するなど、年間 MVP を連続受賞。その後は人材採用、社員教育、組織人事コンサルティングなど、人材と組織をめぐる諸問題に営業企画マネージャーとして取り組む。新メディア『ガテン』の立ち上げ、ダイバシティの推進にも積極的に参加。これらの仕事がのちの起業独立につながる。両親と夫の４人家族の２世帯住宅暮らし。
<著書など>『イメージコンサルタントという仕事』（SeeSawBooks）

■ 私のスローガン 「金剛石も磨かずば」 真っ先に頭に浮かぶのがこの言葉。幼い頃より母に繰り返し言われてきた。生まれつき何かの天分のある人も、それに熱中して磨かなければ宝の持ち腐れになるという教えだが、私にとっての人生訓であり、人生をかけてやろうとしている仕事にも繋がっている。

「日本一、女性がイキイキ仕事をしている会社に入って30代後半には起業するのが私の設計図だった」

Stage 1

ブランディング

就職先としてリクルートを選んだのはなぜですか

その答えは大変シンプルです。私が同社に対して持っていたイメージ……日本一女性がイキイキ仕事をしている会社ということからでした。そもそもは、人前で話すのが得意だったこともあり、アナウンサーか報道記者志望で、大学時代は、その勉強もアルバイトもやっておりましたが、リクルートとの出会いでキャリア設計が１８０度変わりました。入社する頃には、リクルートでキャリアを積み、この会社での経験を活かして30代後半には、独立起業したいと考えておりました。

思い出深かった仕事をあげてください

最初の配属先での仕事は企業の求人広告の営業。といっても、それは単純に広告掲載の枠を営業するものではありませんでした。当時の『就職情報』、『とらばーゆ』、『リクルートブック』といった求人情報誌に何百万円を投資しても、企業が求める人材はそう簡単に採用出来るものではありません。リクルートの営業は一つ一つの企業について、ほかの企業にない独自性、オリジナリティを見つけ出して、採用力アップを図らなければならないのです。私は知らず知らずのうちに、企業ブランディングの仕事をしていたともいえます。

Stage 2 セカンドキャリア

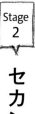

独立して何をやろうと思っていたのですか

独立の出発点になったのは、女性の「セカンドキャリア」に対する問題意識でした。年1回開かれる事業提案コンテストを通じて、女子社員の復職プログラムの積極的運用や、「ダイバシティ※注」推進を提案してきました。そういう中で多くの女性と話していると、自信がないという理由で次のステージに進むときに消極的になってしまう。そういう女性の傾向が気になってきました。そこで、彼女たちに自信をもってもらうために、自己演出＝パーソナルブランディングのお手伝いをしたいと考えるようになりました。

実際の独立までにどんなことを準備しましたか

事業となるブランディングの仕事をするために必要なこと。まず「イメージコンサルタント」の資格取得の勉強を始めました。イメージコンサルタントは、個人の魅力を最大限に引き出すプロフェッショナルです。服装や表情、話し方、洗練された立ち居振る舞いなども指導出来なければなりません。私は、色彩学からメイクアップ、ヘアーデザイン、ファッションコーディネート、マナーに至るまで、幅広い勉強を在職中の毎日の仕事と並行してすることになりました。

スタートは順調でしたか

まあまあ、順調だったといえると思います。会社設立当初は、個人顧客向けのパーソナルブランディングの仕事がメインでした。男性顧客も多く、企業経営者をはじめ、弁護士などの士業の方、医師、アナウンサーなど、人前に出られる機会の多い方々の「おかかえ」コンサルタントとして、服装からヘアー、メガネ、持ち物に至るまで演出全般を任せていただきました。その後、経営者の方から会社の相談も受けるようになり、コーポレートブランディングの仕事へ発展していきました。

うまくいきそうだと実感した瞬間は?

コーポレートブランディングの仕事は、ネーミングから、イメージカラー、ロゴ、キャッチ、それに付随するコミュニケーションツール全般の制作まで一切の演出をお引き受けするというものです。設立1年目の後半、そういうスケールの大きな仕事を2件、半年がかりでやらせていただけたのが、事業拡大のキッカケとなりました。チャンスといえばそれでしょうね。一つは、某大手派遣会社の新ブランド構築の仕事、もう一つは、都内にキャンパスのある某大学での大学祭企画運営の仕事です。

Stage 3 協会設立

現況をひと言でいうと?

おかげ様で、私どもB-mapは設立2年で一気に業容を充実させることが出来ました。現況は、1.経営者の皆様のパーソナルブランディング、2.企業を中心とした組織のコーポレートブランディングを事業の軸としながら、3.それに関する法人コンサルティング、4.ブランディング手法を導入した研修プログラムの企画運営、さらには、キャリアブランディング協会にて、日本の将来を支える若手経営者、大学生、ビジネスマン、女性のキャリア支援の仕事に力を注いでいます。

会社と協会の二股で忙しいですね

設立2年で急激に業容拡大したため、仕事とプライベートの両立などと呑気に言っている暇はないはずですが(笑)、意外なほど、私の生活は家庭的です。お片付け(掃除)とお料理作りが大好きで、気分転換にもなっています。また、音楽が趣味で、最近はクラシックの声楽のステージに立っています。直近はモーツァルトのレクイエムをオーケストラと共に全曲歌いました。パートはアルトです。家族との時間と、音楽と、快適な住空間がリフレッシュになっています。

まだ、やり残していることはありますか

試行錯誤でスタートしたキャリアブランディング協会も、一流講師陣の起

スタリストを交えたオーダースーツ
カウンセリングの様子

用によるアカデミー事業は大好評を得、最近は大手企業を中心に社員教育の一環でご利用頂いております。キャリアブランディングというサービスを標準化して、日本を支えるビジネスマンを、経営者を、会社をどんどん輩出してゆきたいと思っています。

＜女性たちへのメッセージ＞

夢さえあれば、夢は思いどおりに実現出来ます。夢を実行する勇気は、自分を信じること。ただ履き違えてはならないのは、夢と目標の違いです。夢の実行には明確な目標が必要です。目標達成するために、自分に足りないものがあれば、ほかの人に援助を求めればよいのです。それから仕事をする上で、健康と人脈は、大変重要になります。若い時代こそ、その2つをおろそかにしてはなりません。そして最後に、成功の鍵は、自分らしさ、オリジナリティーを確立することです。私流にいえば、パーソナルブラ

講演の仕事も数多くこなしている

ンディングが大切だということですね。

※注　ダイバシティ
「多様性」のこと。現在、多くの企業が性別や年齢、国籍などの多様性問題の啓蒙活動や、多様性の推進に取り組んでいる。

会社 DATA

社　　名	株式会社 B-map（ビーマップ）
設　　立	2011 年
資 本 金	555 万円
事業内容	1．ブランディングコンサルティング業務 ⑴ 個人顧客向けパーソナルブランディング ⑵ 法人・組織向けコーポレートブランディング ⑶ キャリアブランディング 2．法人向け組織・人事及び経営・営業コンサルティング業務 3．各種教育研修・セミナーなどの企画・運営及び講演 4．一般社団法人キャリアブランディング協会の企画・運営業務
本　　社	東京都
年間売上高	5000 万円
従業員数	2名
連 絡 先	〒 107-0062　東京都港区南青山 31-15-17-206 URL：http://www.b-map.jp/　http://www.c-brand.or.jp/ E-mail：katsutani@b-map.jp

勝谷 桂子　(株)B-map

最近の私と会社

最近の私は、法人組織のコーポレートブランディングの延長線上で、企業の顧問として、様々な企業課題解決のお手伝い、コンサルティングの仕事をしております。リクルート時代に、ＨＲ（ヒューマン・リソース）領域にて営業責任者をやってきた経験から、人事組織に関する課題、人材の採用、育成、人事評価、組織編成～コミュニケーションの仕組みづくり、マネジメントの仕組みづくり、さらには経営者の相談役として、事業戦略の構築、販売戦略の構築などのお手伝いをしております。ここ4～5年は、90歳を超えた両親の介護をしながらの仕事のため、外出はままならず、どうしても出席しなくてはならない経営会議や、社員研修、セミナーやイベントなどのほかは、時代に先駆けてリモートでコンサルティングしております。自宅をオフィスの分室として、母を看ながら楽しく仕事しております。ほとんどは、人事まわり、営業戦略構築などのご依頼が多いですが、中には、企業の資産としての不動産売買や、最近はM＆Aのご相談も増えてきており、日々勉強しながら、奮闘しております。しばらくは、介護との両立で、企業顧問、コンサルティングの仕事を続けようと思っておりますが、近未来には、両親を実際に介護してきた経験を活かして、新たな介護ビジネス、シルバービジネスに取り組もうと準備中です。

株式会社はぴきゃり・代表取締役

金沢 悦子

かなざわ・えつこ

36歳で起業！

リクルート在職3年（1991年～1994年）

■ PROFILE 1991年、東海大学文学部（広報学科広報メディア科）卒。㈱リクルート入社後、I&N事業部WATTS営業部に配属。その年に新人MVP賞を受賞。1994年、求人系のベンチャー企業へ転職。広告営業で同社初の売上げ1億円を達成。2001年、総合職女性のための求人情報誌『ワーキングウーマンタイプ（現ウーマンタイプ）』を創刊、編集長に就任。2005年に独立。2011年より女性のためのキャリアの学校「はぴきゃりアカデミー」を開校し、300人以上の女性たちを「ココロもサイフも満たされる人生」へと導いている。

<著書など>『ハッピーキャリアのつくりかた』（ダイヤモンド社）
『愛されて仕事がうまくいく女になる43のヒント』（サンマーク出版）

■ 私のスローガン 「明珠在掌」

「リーマンショックで一気に顧客がゼロになった。そこでもがいて自分たちのビジネスをつくった」

Stage 1

燃え尽き症候群

なぜリクルートに？

大学時代、女子大生をネットワークした組織を友人と一緒に立ち上げたんですね。イベントなどを企画して、女子大生を動員するという仕事をやったんですが、そういう活動を通じて事業の面白さを知り、自然と起業したいと思うようになったわけです。ところが、そんな矢先に父が他界しました。大黒柱を失い、途方にくれる母を見て、自分自身の未熟さを感じる機会となりました。それでもっと成長しなければと、修業＝サラリーマンになることを決意しました。リクルートは「お給料がいい」、「いつか起業するために知識経験が蓄えられる会社」という条件にぴったりだったのです。

印象に残る上司は？

新人時代はそれこそ始発から終電まで働きました。同じ環境で頑張る同期の仲間がいたので、どんなにつらくても、不思議と頑張れましたね。結果、新人ＭＶＰ賞を受賞出来たのですが、そこで燃え尽き症候群に。どうしても会社に行く気になれず、１ヵ月無断欠勤してしまいました。そのとき、入社当初からのマネジャーが「お前を引っ張ってやるからとにかく会社に出てこい」と言ってくれ、言葉通りに新規事業に引っ張ってくれた。この異動がその後のキャリアを大きく拓いてくれたと思います。

独立しようと思ったきっかけは？

転職したベンチャー企業では、頑張っているのに満たされず体を壊すという体験をしました。そういう20代後半での体験から、「女性が幸せに働くには？」の答えを求めて立ち上げた日本初の総合職女性のための転職情報誌で編集長となりました。それが、３年目を迎えたときでしたが、再び営業部署への異動を打診されたんですね。私は35歳でした。このまま5年間働き続けた40歳の自分と、どうなるか分からないけれど、外に出てチャレンジした先にある40歳の自分を想像したとき、私には後者の方が輝いて見えた。大学を出て12年のときを経て、ようやく独立する準備が整ったと感じました。

やろうと思ったことは？

編集長の仕事を通じて、多くの女性たちに取材する中、輝く女性たちの共通点が見えてきました。これを体系化して自分自身でも実践した結果、一点の曇りもなく「私の生きる道はこれだ」と思える仕事の方向性が見つかり、これまでの人生のすべてが肯定出来るようになったんです。そこで、私のように「このままでいいのかな？」と悩む女性たちに、この方法を伝え、それぞれが「あるべき場所」で輝くお手伝いをしようと決めました。

Stage 2

危機

独立してから危機はありましたか

ありました、ありました。2005年1月に創業したんですが、当初は情報誌の編集受託や女性サイトの立ち上げなどの請負仕事が中心でした。ですが、リーマンショックを境に一気に顧客がゼロになってしまったんです。もう呆然でしたね。売上げが低迷する中、「私たち、本当は何したかったんだっけ……?」と話し合う時間が多くなった。それが初心を思い出すきっかけとなったのかな。その後、プライベートでは妊娠、出産、その後東日本大震災と、思うように動けない時期が続きましたが、耐え忍びながらも、じっくり自分たちのビジネスを作り上げる契機となったように思います。

独立して初めて知ったことは?

独立するまではBtoBのビジネスしか

趣味や志向でつながる修了生コミュニティが無数にあり、一生付き合える仲間ができるのも魅力

経験がなかったので、売上げをつくるのに、やはり法人向けのほうが早いと思っていたのですが、とくに転職や教育の分野では、景気が悪くなると真っ先に企業の予算が絞られてしまい、法人向けオンリーの時代は売上げが景気に左右されました。一方、B to Cは個人の普遍的な悩みに応えることが出来れば、景気に左右されないことを知りましたね。

自分の右腕と思える人は？

一緒に起業した「つっちー」とは、かれこれ20年以上仕事をしています。前職では、私が編集長を務める雑誌で副編集長を務めていました。起業してから、私が掲げた理想や、こうしたいという目標を、リアルに現場でカタチにしてくれる心強い存在ですね。ある占い師に言わせると、前世では夫婦だったそう（もちろん私が夫）で、「あれ、どこだっけ？」「はいどうぞ」とか、阿うんの呼吸で通じてしまうときには、「本当に夫婦だったかも」と本気で思うときがありますよ（笑）。

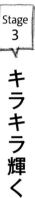

Stage 3 キラキラ輝く

仕事とプライベートを両立させる工夫は？

自分の人生に「子ども」はもっとも遠い存在でした。でも、39歳のとき、霊感の強いリクルート時代の先輩女性から「変なこと言ってごめんね。エツコの赤ちゃんがママ大丈夫だよって伝えてほしいって」と言われたんです。40歳の誕生日に、「50歳になって、あのとき産めたのかも……と後悔するのは嫌だな」と思い立ち、真剣に妊活をはじめて、ギリギリ40歳で第一子を出産しました。驚いたのは、子どもがいなければ一生出会わなかっただろう世界に自分がときめきまくっているってことですね。仕事とはまったく違う脳みそを使うことが、最高のリフレッシュになっているんじゃないでしょうか。

これからやりたいことは？

誰にでも必ず「人よりも優れた能力」があります。しかし、自分のよさを自覚するのは難しいものなんですね。とくに女性は自分を過小評価する傾向があります。自分の顔を自分では見られませんが、鏡があれば見ることが出来ますよね。同じように自分の内面を再発見するツールがi-color（同社が開発した素質診断ツール。自分の内面を映し出す12色のキーワードから自分の価値を見つける）です。i-colorを使って、ひとりでも多くの女性たちが自分の魅力に気づき、自分のよさを仕事や人生に生かすことでキラキラ輝いてほしい。その思いから社会人のための学校を立ち上げました。働く女性たちが自分らしく強みを発揮するこ

通称「はぴきゃりハウス」（専用セミナールーム）は緑に囲まれた都会のオアシス

とで、日本を明るくしていく。そして子どもたちが夢を持てる世の中にしていく。それが私の使命です。

＜女性たちへのメッセージ＞

結婚や出産、離婚、介護など、女性の人生には自分ではどうしようも動かせないときがあります。だからこそ、「ありたい自分」を持つこと。自分軸が分かったら、たとえ目の前につらい出来事があろうとも、すべてを肯定することが出来るのです。「このままでいいのかな?」と迷う、そんなあなたは、輝く自分まであと少し。あなたの中に必ずある「ありたい自分」のタネをまきましょう。そして大輪の花を咲かせましょう。

会社DATA

社　　名	株式会社はぴきゃり
設　　立	2005年1月
資 本 金	500万円
事業内容	働く女性の「ココロとサイフが満たされる仕事　ハッピーキャリア」を支援。働く女性1万人以上に取材した経験から生まれた、「〝恋する仕事〟までの4つのステップ」と、オリジナル素質診断ツール「統計心理学 i-color」を使ったセミナーを通じて、「素質」を生かして幸せな仕事&生き方を見つける学校『はぴきゃりアカデミー』を主催。i-colorカウンセラーの育成も行なっている。
連 絡 先	TEL：03-3410-1513 FAX：03-3410-1552 URL（はぴきゃりアカデミー）：http://happycareer.jp E-mail：4w@happycareer.jp

金沢 悦子　(株)はぴきゃり

最近の私と会社

２０１１年に開校した女性のためのキャリアの学校「はぴきゃりアカデミー」は修了生が３００人を超え、北海道をはじめ各地に認定校が開校するまでになりました。さらに、以前から女性の幸せは仕事だけでは片手落ちと感じていて、２０１５年から働く女性のための婚活サポート事業をスタートしました。婚活オンラインサロン「魔女のサバト」では、「白魔女」に扮し、統計心理学i-colorを使ったオリジナルメソッドにより、一般論ではなく自分が納得出来る理想のパートナー像を言語化し、自分らしくいられるパートナーとの出会いを応援しています

同時に、社外取締役を務める会社との共同事業として、共働き婚を希望する女性のためのマッチングサービス「キャリ婚」のアンバサダーとしても活動中。これからも女性のココロもおサイフも満たされる生き方を応援していきます。

プライベートでは50歳で卒婚しシングルマザーに。事務所&セミナールーム付シェアハウスで、気の置けない仲間との職住融合を実践中。

株式会社スパルタデザイン・代表取締役

唐松 奈津子

からまつ・なつこ

28歳で起業！

リクルート在職2年9ヵ月(2002年〜2004年)

■ PROFILE　お茶の水女子大学（文教育学部言語文化学科）、東京広告デザイナー学院（広告デザイン科）卒。2002年より2年9ヵ月間㈱リクルートに在籍。退職後は、広告制作会社・ブランドデザイン会社のディレクターとして、さまざまな企業のブランド構築やプロモーション戦略をサポート。2006年にフリーランスとなる。2008年に個人事業を法人化する形で㈱スパルタデザインを設立、代表取締役に就任。と同時に妊娠が発覚。同時期に妊娠したデザイナーと妊婦2人で営業を開始する。2009年7月に「つくる」ママと「ほしい」ママを結ぶ手作り育児グッズ通販サイト『mamma ni（マンマーニ）』をオープン、編集長に就任。子育て中のママ・パパを、⑴便利なアイデア育児グッズの提供、⑵在宅での仕事の提供という2側面から支援している。家族は11歳の娘と6歳の息子。

<著書など>『北尾吉孝の経営問答!』（北尾吉孝著・廣済堂出版）
『女性社長たちのしなやかな戦略』（赤城稔著・フォレストメディア）

■ 私のスローガン　「清く、正しく、美しく」

誠実・公正であろうとすることが芯のある美に通じると信じています。

「会社立ち上げと同時にメンバー2人が妊娠。それが、新たな事業を始めるきっかけになった」

Stage 1 クリエイティブ

リクルートへの入社動機は?

大学時代、広告のデザインに関わる仕事がしたいとその道を志し、大学、写真の専門学校、広告デザインの専門学校の3つの学校に通って学んでいました。そのため、就職活動は広告代理店と出版社に絞っていましたが、その中でもっとも自分がそこで働くイメージが出来、「この人たちと一緒に働くとおもしろそうだ」と思ったのがリクルート。制作職または編集職への配属を希望して入社しました。

成功談を聞かせてください

当時13版で展開していた『住宅情報タウンズ』(現『スーモマガジン』)全版の表周り広告で、人をテーマにしたフリー広告シリーズを2年間展開したことです。社内外で注目を浴び、MVPをいただきました。

不動産会社が人にフォーカスするという体裁は、その後の他社広告にも影響を与えることが出来たと思っています。「無料の媒体で高額な住宅商品が売れるはずがない」とフリーペーパーに対してクライアントも否定的な当時、クリエイティブ提案で受注を獲得した事例です。

どんな内容の広告シリーズですか

大手不動産グループの会社で、約40店舗あった営業店のホープ（営業担当者）を1版1回1人ずつ登場させて展開する連載型広告でした。全100回以上連載したのですが、取材時に現場の営業担当者の方から「これに載ることが僕の一つの目標だった」と言われたときはとても嬉しかったですね。その他の反応としては、同クライアントから「この記事を社内報でも発信させてほしい」「（現場の支店長から）いつもチェックしているよ」「ウチらしい、いい広告だ」と言われたこと、周りのリクルートの営業担当者からも「どうやって受注出来たのか教えてほしい」と何度か聞かれたこと、その後、似たような記事が他社から掲載されることもありました。

Stage 2 法人化

独立しようと思ったのはなぜ?

リクルート在籍中に刀根幸二さんと出会い、刀根さんの設立した編集プロダクションで編集ディレクター兼マネジャーとして働くことになりました。同時にリクルート在籍中から付き合っていた人と結婚を意識するようになったことで、「子どもを生み育てながらも働き続けられるワークスタイル」について考えるようになりました。それが、事業主としてフリーランスのデザイナーとして働くことを意識したきっかけです。

そして、フリーランスから法人化へ

個人事業時代のクライアントも、リクルート時代からお付き合いのある大手不動産会社が主でした。フリーランスとして活動して2年ほど経った頃、クライアントから「これ以上、個人に発注しづらいので法人化してほしい」と要望され、法人化を検討し始めました。奇しくも同時期に、前職の編集プロダクションの同僚が「会社を辞めたい。雇ってくれませんか」と言ってくれたことが重なり、株式会社スパルタデザインを設立しました。

ハプニングがあったそうですね

２００８年４月に営業開始する予定で、２月29日の閏日に登記をしました。ところがその２週間後、会社立ち上げのパートナーとして予定していたデザイナーの妊娠が発覚。「そういえば私も」と思って調べたところ、さらにその２週間後に私の妊娠が発覚するというハプニングが。株式会社スパルタデザインは、妊婦２人で営業を開始することになりました。妊婦２人で立ち上げた会社に待っているのは２人の出産。さて、その間会社をどうしよう……と設立早々に存続の危機に立たされた私たち。しかし幸運にも、前職の編集プロダクション時代の上司が入社してくれることになり、何とか乗り切ることが出来ました。このときの、創業メンバー２人が妊娠をして、妊娠・出産しながら働き続けることの難しさを痛感したことが、ママ向け育児グッズの開発・販売ブランド『ｍａｍｍａｎｉ（マンマーニ）』事業構想のきっかけとなりました。

それは大変でしたね

当時はオフィスが代官山にありましたから、臨月まで重いお腹を抱えながら坂道を上って出勤することが一番辛かったですね。またパートナーはつわりがひどく、ピーク時など一日のうち半分は会社で横になっていましたよ。出産後は勤務中も3時間ごとの授乳、夜中の授乳による寝不足状態での仕事が続きました。子どもが発熱すると、保育園からの呼び出しに突然仕事が中断されることに怯えながら仕事をしてましたね。顧客との予定の調整も大変でしたし、営業として夜のお付き合いにも行けなくなったことなどもありました。仕事も母親業も、代わってもらえる人がいないという閉そく感に襲われていました。

その経験が新しい事業にたどり着いたのですね

「つくる」ママと「ほしい」ママを結ぶ手作り育児グッズ通販サイトです。そういう困難を経て、「自宅で子どもを見ながら仕事が出来たらいいのに」「自宅で子どもを見ながらちょっとお小遣い稼ぎが出来れば、というニーズは高いかも」という思いから事業化しました。実際に始めてみると、多くのママさんから感謝され、「子どもと1対1で向き合い続けるのって辛い。子どもも夫も『ありがとう』は言ってくれないから、お仕事して感謝されるだけでも、ものすごく嬉しい」、「社会と繋がっていると実感出来ることが嬉しい」といった声をいただきました。

Stage 3

子育てと経営

仕事と子育て。どんな一日ですか

娘が1歳を過ぎた頃、設立当初は代官山に置いていたオフィスを、自宅と併用する形で転居しました。子育てと会社運営とを効率的に実現するには自宅兼オフィスにするしかない、と考えたのです。スタッフにママが増えていたこともあり、「むしろその方が子連れ出勤もしやすい」とスタッフも快くその提案を受け入れてくれました。当時、私の一日の始まりは朝5時。子どもが目を覚ます7時半頃まで仕事をします。子どもが起きた後は保育園に預ける9時半頃まで母親として活動、その間の30分で必要な家事のすべてを済ませます。その後スタッフが出社して10時から仕事を開始。保育園に迎えに行く18時半頃までがメインの仕事の時間です。22時頃までに子どもの夕食、お風呂、寝かしつけを済ませ、仕事が残っているときはそれからオフィスに移動して仕事。そんな毎日を過ごしていました。

経営者であり、母でもある。そういう立場で夢は？

現在、私たちの事業には2つの大きな柱があります。広告デザイン制作受託事業においては、市場として単価の下落が止まらない中、会社としての存在価値を上げるために専門性とオリジナリティを担保し続けること。『ｍａｍｍａｎｉ（マンマーニ）』事業においては、事業のコンセプトに共感いただける強固なファンを醸成し、子育て中のママを応援するブランドとして確固たる地位を築くこと。こ

育児グッズ商品開発時のモニター会の様子。おもちゃなども沢山あるので子連れのママさんにも喜ばれている

れらが経営者として課題に思っていることです。また一方で、母という立場としては、20年後、娘が成人して働くようになったときに「母のように仕事をしたい」と言われるような仕事の仕方、子どもへの向き合い方が出来ている女性であることを目指しています。

＜女性たちへのメッセージ＞

「私は○○が好き」と声を上げつづけていると、いろいろな方が○○に関する情報や思いがけないプレゼントを持ってきてくれることがあります。何かを始めたいと思っているときもそれと同じで、ぜひ恥ずかしがらずに「私はこれを始めたいと思っているの」を周りの方々に発信してみてください。きっとさまざまな意見をもらえますし、しっかり気持ちを込めて伝えれば協力してくれる方も出てくると思います。私自身、法人化するとき、出産のときをはじめ、子どもに関する事業を始めようと思いついたときは、子育て関係のNPOなどこれまで関わりのなかった人びとが紹介でどんどん繋がっていったり、通販の事業で店舗への卸を検討し始めたときも、すでに卸経験のある事業主の方々から紹介の話や、「初めて電話するときにはこうするといいよ」「雑貨だったらこの仲卸さんを通すといいよ」などと具体的なアドバイスを沢山いただきました。またプライベートでも、まだ具体的でない頃から「いつか独立したいかも。独立した方がいいかも」と言い続けていたおかげで、実際に準備・稼働するときに夫や母の協力を得られたと思っています。

2012年キッズデザイン賞を受賞した『3WAYリバーシブルスタイ』。現役ママのアイデアが活きた商品

唐松 奈津子　(株)スパルタデザイン

最近の私と会社

創業した２００８年当初から「育児・家事と仕事との両立」や「ワーク・ライフバランス」の取り方など、女性の働き方に対して新しい取り組みを意識してきましたが、近年、大企業をはじめ、社会的にその体制が充実してきたと感じるようになりました。

２０１６年頃から、これからの新しい暮らし方や仕事の仕方を考える上で、地方創生や公民連携の取り組みが必須だと考えるようになり、関連の知識を得るため、２０１８年から東洋大学大学院経済学研究科公民連携専攻に入学しました。２０１９年からは実際に子どもたちを連れ、地元である佐賀の空き家に住みながら、東京の会社や自宅と行き来する二拠点生活をしています。

また、このような取り組みに合わせて、会社の事業も各地で行なわれている公民連携事業の広報活動や、企業のＰＰＰ事業の広告・宣伝業務の受託が増えてきました。

創業当初から在宅勤務やテレワークなど、「時間や場所を選ばない働き方」を追求してきたおかげで、ポストコロナ時代の新しい働き方へのシフトもスムーズに行なえていると感じます。

会社 DATA

社名	株式会社スパルタデザイン
設立	2008 年
資本金	500 万円
事業内容	広告デザイン受託事業、ママ向け育児グッズの企画・製造・販売
年間売上高	3000 万円
従業員数	3 名
連絡先	〒 141-0022 東京都品川区東五反田 1-7　これ五反田アネックス 101 E-mail：info@spartadesign.co.jp

株式会社コラボプラン・代表取締役社長

河村 庸子

かわむら・ようこ

46歳で起業！

リクルート在職 24 年（1988 年～ 2012 年）

■ PROFILE 英国国立レスター大学（MBA）、早稲田大学（理学士）。1988 年、㈱リクルート入社。事業企画（住宅情報事業、ブライダル情報事業）、コーポレート & 経営企画（HR・斡旋・人材派遣・再就職支援事業、人材派遣事業：中国・フィリピンマーケット、M&A）、米国 IBM 社勤務（ワイヤレス事業グローバル本部出向、ニューヨーク勤務）、ウェブサイト構築（人材系『リクナビ NEXT』、旅行会社）、基幹システム構築（全社会計、データウェアハウス）など、幅広い業務に携わる。その後、2012 年に㈱ディレクターズパラダイスを設立し、代表取締役社長に就任。リクルートの営業行動の PDS（計画・実行・振り返り）・IT を活用した営業改革や、病院の業務・IT 設計、エグゼクティブ & ビジネスコーチを行なう

■ 私のスローガン 「物事は常に変化しており、人の捉える現象の多くは幻想」 これまでを振り返ると、無駄なことは何一つなく、さまざまな変化が目の前を流れるように通り過ぎたことに気が付く。その都度サインは出ていて、それを瞬間、瞬間を選び取ってきた感じがする。この先も、今に集中し、自分の直感に耳を澄まして機をとらえていきたい。物事は常に変化しており、人の捉える現象の多くは幻想。だからこそ、ちょっとした捉え方の新たな視点や仕組みを使って、より幸福な社会を創り出せると思う。

「事業で磨いてきた分析力と構築力。次の舞台はもう独立しかなかった」

Stage 1

リーマンショック

リクルートでの経歴を教えてください

システムエンジニアが最初のキャリア。全社会計システム、インターネットの旅行会社、日本最大の転職サイト『リクナビNEXT』など、大型新規システム開発の設計を手がけました。また、海外で経営に触れたことをきっかけに、企画職に職種転換し、コーポレート&事業の両サイドを経験。事業戦略、マーケティング、管理会計を、様々なステージの9事業で違った角度から携わることが出来ました。業務分析と経営知識、仕組み化とシステム化のスキルが、業務のスピードと安定化に役立ったと思います。

代表的な仕事は?

リクルートのグローバル戦略の萌芽期に、ニューヨークにある米国IBMに異例の出向が決定。当時のリクルートの全役員と面談し、グローバル経営について知りたいことをヒアリングして出発しました。業務の傍ら、ＩＢＭの戦略作成実行やオペレーションの仕組みについてイントラネットで調べ、関連書物を読んでは関係者にインタビュー。リクルートと米国ＩＢＭを比較したレポートを11本作成し、リクルート経営陣と日本ＩＢＭに送ること1年。全社からレポートについての問合せを受け、グローバル業務を意識するきっかけになりました。

なぜ独立しようと思ったのですか

入社以来、所属・レポート責任があった事業は24事業。全社・事業規模の大規模プロジェクトは10回程度、海外業務もアメリカ・中国・フィリピンと3回経験しました。リクルートでやりたいことは十分やった。私はあと40年は働きたい。女性にハンディがある世とはいえ、何千年も閉ざされていた扉が今は開かれている。次のステージに踏み出すのにリクルートは狭すぎる。そんな思いの中、新たな基盤をつくるため、独立に踏み切りました。

独立してやりたかったことは？

リーマンショックのとき、私は中国マーケットで仕事をしていました。勢いのある中国から国内に戻ると、競争の質、戦略と実行のバランス、組織のあり方が変わるのが感じられました。もはや戦略や商品だけでは競争出来ない。最前線の現場が自主的に活動し、マーケットで捉えたことをサービスに還元する構造が必要になる。現場の人間力が価値になる時代に移行するために、個人の自立とその集合である組織マネジメントに貢献出来るスキーム、仕組みを日本でつくりたいと思いました。

Stage 2

精神の自由

最初の仕事はどのようなものでしたか

営業の構造改革という仕事です。リクルートの中古車メディアは競合が強いシュリンクマーケット。自ら立ち上げた現場の営業力強化により、営業生産性を向上させるプロジェクトの最終段階を新しい会社で請け負いました。具体的には営業現場のＰＤＳ（計画・実行・振り返り）を設計し、計画・振り返り・マネジメントを一気通貫でシステム化。マネジメントをコンパクトなサイズで小まめに実施するよう設計しました。教育・自走のために北海道から九州まで2年に渡り営業現場を行脚した、思い出深い仕事です。

独立して初めて知ったことは?

リクルートでもかなり自由に働いていましたが、独立したら、場所と時間がさらに自由になりました。精神が自由になったら、頭の中から雑念がどんどん消えて心にスペースが出来、さらなる精神的自由を求めて、断捨離や瞑想を始めました。すっきりした頭で考えると、世の中の問題の多くは、自らが課した制約、幻想であることが分かるようになりました。すると、本質的なこと、本当にやりたいことに集中するようになり、アイデアが湧き、効率が上がり、シンクロニシティが起き始めました。

とくに勉強していることはありますか

これからの時代は、起きたことをどう捉えるかが大切になると感じています。最近とくに勉強しているのは「人間」について。実践心理学といわれるNLP（神経言語プログラム）で、人の感覚・認知・感情・思考・行動などの基礎を学び、他者への実践のためコーチング・トレーナーの訓練を受けました。自分を見つめ、自分との関係を強化するために、瞑想・直感力・潜在意識・成功プログラムなどを修業中。起業の年である2012年は、100日間以上を自分に投資しました。

独立後、交友関係に変化はありますか

独立して9ヵ月。サラリーマン時代とは出会う人が随分変わりました。セミナーや交流会、非営利活動と行動の幅が拡がったことも一因だと思いますが、一カ所への帰属感が薄れたことによって、自分の興味・関心・目的・自分軸が明確化したことも関係していそうです。何か、会うべき人に会うようになった、新たな人に会うとそこから新たな縁が紹介されたり、必要な情報や縁・場所へと展開している感じがします。

営業管理職とリーダーを対象とした研修。組織への定着にはトレーニングやコーチングも実施している

Stage 3

どうあるべきか

今後、事業の方向性は？

マーケット・昇進・給与の構造は変わり、今の日本が元気になるためには、古い価値観の見直しが迫られています。個人は、己のありたい姿にこそ価値を見出せることを再発見する。組織は、人間の内側から生まれるモチベーションや知恵を力に変えられる、原理原則に価値を置く集団が強さを増す時代が来ると思います。そんな組織やそれをリードするリーダーのために、問題解決という枠組みを越え、ありたい姿と行動を結ぶ、現場に根付くサービスを提供していきたいと思います。その資源となるのが、経営フレームとITとコミュニケーション。経営フレームは成功体験がベースの共通言語、ITは業務を効率化するツール、コミュニケーションは人と人をつなぐ手段ですね。どの仕組みも使いようによっては諸刃の剣です。ありたい姿の実現のために活用するには、その現場にあった調和が必要なわけで、課題解決を越えた「どうあるべきか」を起点にした発想を経営のベースにしていきたいと思います。

緑に囲まれたリラックス出来るオフィス環境。豊かな発想と集中力を大切にしている

夢を実現する上での強みは何だと思いますか

価値観の構造が大きく変わる時期にインパクトを与えられる、3つの強みがあると思っています。まずは、大型のプロジェクトを手掛けてきたため、変動要素の高いプロセスに着目せず、本質的な情報の流れのみを構造的に組織規模で捉えることが出来る。そして、システムや経営の仕組みを現場に直接導入した実績がある。次に、海外業務を3回、米国・中国・フィリピンと、違う世界から日本を見てきた経験がある。しかも女性なので、男性中心の社会価値観の外にいた。3つ目に、コーチやトレーナーといったヒューマンスキルを組み合わせ、独自の強みにしていきたいと思っています。

会社 DATA

社名	株式会社コラボプラン
設立	2015年
資本金	300万円
事業内容	1. マネジメントの「しくみ」とリーダーの「部下育成力」向上を通じ、組織の成果を出すコンサルティング、トレーニング、コーチング 2. 個人診断や組織診断（iWAM/エゴグラム）を活用した、人間関係、コミュニケーション、組織マネジメント力の向上サポート 3. 40~50代を対象とした60代以降の「ライフデザイン」設計
従業員数	2人

※ 2015年3月　前身となる株式会社コラボプラン（2003年設立）と株式会社ディレクターズパラダイス（2012年設立）より業務を引き継ぎ

連絡先	URL：https://www.collabo-plan.com/ E-mail：info@collabo-plan.com

最近の私と会社

最近は、組織で働く人の雇用形態や年齢、国籍、テレワークといった働き方など、多様化が進んでいます。自分が慣れ親しんできた言葉や行動と異なる人との交流はストレスを生みがちです。その一方、お互いの多様性を理解し、補完し合える人間関係が構築出来れば、今まで以上に強い組織が作れます。

創業以来、組織の管理職に対し、マネジメントの「仕組み」づくりや、部下育成力などの「人間力」向上のトレーニングを提供してきました。最近は、多様な組織をマネジメントする管理職に対し、自分の特徴、組織や所属するメンバーの特徴を理解し、個々人がパフォーマンスを発揮出来る良好な人間関係の職場を短期間で構築するための支援に力を入れています。

具体的には「iWAMアイワム」という個人診断／組織診断を使って、組織や個人がどのように考え、行動し、どんな言葉を使うのか、どのようにやる気を引き出せるのか、といったマネジメントの具体的なやり方に直結する支援をしています。

コミュニケーションや人間関係から変化を生み出す「組織開発」には時間が掛かるので、エグゼクティブと一緒に「研修」「実践」「コーチング」を組み合せた、半年プロジェクトといった形態が増えています。

株式会社バーニャカウダ　創業者・取締役

菅野 彩子

かんの・あやこ

33歳で起業！

リクルート在職5年4か月（2006年2月〜2011年5月）

■ PROFILE 2004年、慶応義塾大学大学院（政策･メディア研究科）修了。ネットベンチャーに入社。法人向けウェブ戦略・マーケティング支援に従事。2006年、㈱リクルートに入社。メディアプロデュース、新規事業の立ち上げに従事。配属された事業は、リクルート進学ネット、ホットペッパーのポイントサービス『ポイコ』、リクルートポイントなど。2007年度にはリクルート進学ネットのマーケティング担当として大幅なアクション増加とコスト圧縮を同時に実現し、通期MVPを受賞。2011年、リクルートを退職して現職に就任。2012年3月、キャリアカウンセラーやコーチ、心理カウンセラーなどの専門家と、利用者を匿名でつなぐオンライン・カウンセリングサービス『ボイスマルシェ』を立ち上げる。

■ 私のスローガン 「一番でなければビリでも同じ」 ……というと偉そうですが、もちろん私はビリの分野も沢山あります。ただ心がけているのは、コレと決めた分野で、必要なシーンで、必要としてほしい人から「一番」に想起されること。「そこそこでいいや」ではなく、圧倒的な一番を目指して仕事をし、事業を創るチャレンジがあるからこそ、社会が必要としてくれるのではと思っています（まだ道半ばではありますが、志として）。

「女性たちの「相談先がない」という声に共感し、専門家マッチングビジネスの可能性を確信した」

Stage 1

いつか事業を

そもそもリクルートで何をやりたかったのですか

㈱リクルートには転職で入社しました。新卒で入ったITベンチャーでの仕事は面白かったのですが、あくまでクライアントのマーケティングを支援するという立場。私は「いつか自分で事業を」と思っていましたので、より深く事業のバックヤードや運営を知るために事業会社への転職を考えるようになりました。そういう意味で、リクルートの様々なウェブメディアは日本最大級で、経験を積むには魅力的な企業でした。転職時の面接では、「いつか自分で事業をやりたい」と話したのですが、それを応援してくれる風土がとても素敵だと思いましたね。

実際にはリクルートでどんな仕事をしたのですか

インターネットを軸に、ウェブメディアのマーケティングやUI／UX設計（使いやすく、楽しいを重視するアプリ開発の考え方）などが主な仕事です。インターネットマーケティング局、メディアプロデューサーとして『リクルート進学ネット』、新規事業の立ち上げで『ポイコ』、『リクルートポイント』などの事業に関わりました。２００７年度には『リクルート進学ネット』のマーケティング担当として、通期ＭＶＰを受賞しました。リクルートの人は、賢くて熱いハートを持った、本当に気持ちのいい人たち。リクルートでの数年間は、私の宝物です。

そんなに気に入っていたのに起業を思い立ったんですね

起業のきっかけは、自分の体験と課題感。リクルートで働いていたあるとき、占い好きの女性に話を聞く機会がありました。元気で明るいその女性が、「個人的な悩みの相談先がないので占いに行っている」というのです。そしてほかにも同じようなことを言う女性たちが。そのときに思い出したのは、30歳の私。私はいわゆる仕事人間で、仕事好きで働き続けていたら30歳でプライベートが破綻。悩み、混乱したあのとき、私も誰に相談したらいいか分かりませんでした。だから多くの女性たちが語る「相談先がない」という声に共感し、「気軽にプライベートの相談が出来る専門家」は社会的に必要な事業だと確信し、起業したのです。

Stage 2

現金がどんどん減る

それで、どういう手順で進めていったわけですか

２００９年頃に原案が生まれ、まず週末を利用して、今の事業パートナーである古川とユーザー調査を開始しました。本当は週末起業的に準備をし、ビジネスの目途がついてからリクルートを辞めようと思っていましたが、いかんせんリクルートの仕事が忙しすぎて、現実的にはほとんど起業準備を進められず。そこで、子どもなし・親も元気という今が、チャレンジ出来る最後のチャンスかもしれないと思い、リクルートを退職して起業に本腰を入れることを決心したのです。

けれど、会社を設立してから実際の創業（サービスオープン）までには、予想外に時間がかかってしまいました。弊社事業はウェブサービスかつＥＣ（Ｅコマース。電子商取引）なので、サイトが完成しないと収益を生みません。私たちの仕様の詰めが甘くてシステム構築に時間を要し、結局２０１２年3月にサイトオープンするまでには、退職してから1年近くかかりました。その間、手持ちの現金がすごいスピードで減る日々でしたね。起業したけどまだモノがない、この時期が一番つらかったかもし

ボイスマルシェの交流会。登録カウンセラーの方々と

れません。

弊社の事業『ボイスマルシェ』は、女性専用の電話カウンセリングＥＣ。本名も電話番号もメールアドレスも、互いに非公開のまま、各分野の専門カウンセラーと相談者（ユーザー）をつなぐ新しいウェブプラットフォームとなります。全国の優れたカウンセラーを発掘して連絡をとり、ボイスマルシェに参加してもらい、ユーザーの相談に対応してもらいます。メディア掲載のおかげもあり、初回のお客様（ユーザー）はサイトオープン後、比較的すぐ現れたのでホッとしました。

Stage 3

毎日多忙

ざっと近況を教えてもらえますか

そうですね、この3月で、『ボイスマルシェ』サービスはおかげさまで2周年目を迎えました。この6月で参加いただいているカウンセラーの方も１００名を超えました。それでボイスマルシェのカウンセラーさんたちにお声がけして、節目になる交流会を行なったのですが、集まってくれた方々を見ながら感慨深いものがありましたね。２年前には何もなかったところに、今ではこんな素敵な方々がビジョンに賛同してくれて一緒に仕事をすることが出来るのですから……私は幸せだなと。

創業して3年目に突入しましたが、毎日多忙で、仕事とプライベートは両立出来ていません。計画上は、もっと早く事業が軌道にのると思っていたのですが(笑)。私は現在、既婚・子どもなし。36歳ですし、ときには家族計画が頭をよぎることもあります。でも、起業して事業を伸ばしていく経験って誰もが出来ることではないし、今は事業拡大を最優先にして日々を送っています。子育て中の友人たちの話題にはまったく加われませんが、こんな人生も私らしいのではないでしょうか。

やりたいこと、やり残していることってありますか

日本では、カウンセリングやコーチングはまだ一般的ではありません。ですが、『ボイスマルシェ』を利用してくれたお客様の体験談を見ていると、絶対にこの事業は社会に必要だと確信出来ます。不安を抱えていたり、正解のない選択肢で迷ったときには、専門家の力を借りると解決までのスピードが圧倒的に短縮されます。もっと気軽に、もっと普通に、カウンセリングが必要なとき、『ボイスマルシェ』と思い出して利用してもらえればと思います。スッキリ笑顔になれる人をもっともっと増やしたいです。

今現在、経営上の課題は?

株式会社とはいえ、今までは創業者2名の個人技で事業運営してきたようなもの。

都内のオフィスを拠点に活動

今後は組織化してきちんと「会社」の形にしていくことが必要だと思っています。役員2名だけだから、と就業規則などもつくっていませんでしたが、今後は社員が増えるのできちんと会社基盤を整え、事業拡大していくフェーズになりました。日々勉強です。

＜女性たちへのメッセージ＞

女性の人生には選択肢が多い。だからこそ迷い、悩むのだと思います。バリキャリか、ゆるキャリか。結婚か否か。子どもを産むか否か、その時期はいつか。出産で退職か、仕事を続けるか。会社員か、独立・起業か。こういうものは、メリット／デメリット比較では答は出ません。大事なのは、自分がどうしたいか、そのために何が必要か。『ボイスマルシェ』ならこの解を見つけるお手伝いが出来ます。いつか人生の転機がきたとき、思い出してもらえたら。

会社 DATA

社名	株式会社バーニャカウダ
設立	2010年
資本金	1億383万円（資本準備金を含む。2020年5月現在）
社員数	9名（業務委託含）
事業内容	オンライン・カウンセリングサービス『ボイスマルシェ』企画・運営、ニュースメディア『ノーツマルシェ』企画・編集・運営など。 ボイスマルシェ　https://www.voicemarche.jp ノーツマルシェ　http://notesmarche.jp
連絡先	〒141-0022 東京都品川区東五反田5-22-33 TK池田山ビル2F URL：https://bagna-cauda.co.jp/ E-mail：info@bagna-cauda.co.jp

菅野 彩子　(株)バーニャカウダ

最近の私と会社

おかげさまで事業は着々と成長し、法人事業も展開、専門カウンセラー数は500名規模になりました。利用者、利用件数ともに伸びており、「明日の自分が楽しみになる人を増やす」をミッションに日々頑張っています。

株式会社はたらこらぼ　代表取締役

日下 章子

くさか・あやこ

29歳で起業！

リクルート在職６年半（2003 年〜 2010 年）

■ PROFILE　岡山県立岡山工業高校（建築科）卒。高校卒業後は接客を学ぶために専門店などで仕事をし、アルバイトではあるものの高い評価を受ける。その後、㈱リクルートに入社。創刊間もないタウンワーク岡山事業部のメンバーとして３年半の営業を経て、事業部内で３番目の女性リーダーとなる。営業時代から、新人教育や営業・原稿などの勉強会を社内で数多く開催。リーダーになってからは様々なチームのリーダーとしてゼロから営業や教育方法などチームづくりも行なう。起業後は、採用コンサルティングとして約 80 社の採用サポートや人材育成に関わる。これまで採用実績のある職種は、営業、事務、受付、接客をはじめ、薬剤師、花の生産、設計、調理師、講師、整備士など多種多様。無名の企業や初めて新卒採用を行なう企業などを中心にサポートを行ない、「みんなで採用」という方法で採用実績を出しながら既存社員の育成にもつないでいる。

■ 私のスローガン　「明日死んでも後悔のない人生を」　明日死んでも後悔のないように毎日全力で生きたい。笑ってすごしたい。やりたいことを諦めずにやってみる。一つ一つの出会いを大事にする。ありがとうも、ごめんなさいも、思ったことをちゃんと相手に伝える……そんな風に思って生きています。１年後に死ぬと分かったら何をしますか？と、聞かれたときに、「今までどおり」と、答えられる人生を歩みたいです。

物心ついたときから決めていた独立。今の夢は「はたらく笑顔」をつくり、街を元気にすること

Stage 1

独立の第一歩

独立したいと思ったのは、いつ頃からですか

実は物心ついたときからです。叔母がファッションデザイナーで、夏休みなどに遊びに行った際、お絵かきで描いたイラストの洋服をその場で服にしてくれたんですね。それが子どもの自分には魔法のように感じ、「私もファッションデザイナーになる！」と決めたのがきっかけです。夢を追いかける中でその形は変わりましたが、自分で将来商売をするという夢は変わらず持ち続けました。夢というよりはもう、「決定事項」だったんです。

リクルートへの入社は独立をめざしてのこと？

ハイ。子どもの頃からの「起業」の夢を実現する力を付けるために入社しました。当時は自分の店を

もつことを目標とし、接客業でバイトをしていました。ある程度接客の仕事が評価されるようになった頃、尊敬する方に起業に必要なことを尋ねると「自分と商品を売り込む営業力」「人脈」「お金」と言われたんです。その3点を一番早く手に入れられる場所を……と転職活動をしていた際に、3年間上限の契約社員で、タウンワーク岡山版の創刊メンバー募集の求人広告と出会いました。

「リクルート卒」はたくさんいるので、「リクルート卒で○○をしていました」と言える何かをつくること、そして、リクルートを卒業した後にもお付き合い出来る仲間・お客様を創ることを意識して仕事をしました。営業で成績を出すことはもちろん、入社する際に影響をうけた求人原稿、そして提案にも力をいれ、そのノウハウを社内勉強会で伝えていました。また、さまざまな形態のチームのリーダーを努めさせていただき、育成や営業の仕組みづくりも行なっていました。

独立は周囲の人たちにどう受け止められましたか

子どもの頃から「独立する」と言い続けていたため、家族・友だち・リクルートの仲間も「おっ！いよいよか」という反応が多かったですね(笑)。反対する人はおらず、多くの人が応援してくれる中で起業出来たと思います。両親は「あんたやったら、なんとかするやろ」と言ってくれ、その言葉が凄く嬉しかったです。また、リクルート時代のお客様が起業祝いにと仕事をくださったり、仲間や先輩が仕事を紹介してくれたりと、今もそうですが周りの人に本当に助けてもらいました。

Stage 2 最初の危機

起業後はどんなふうに仕事を始めたのですか

実は営業らしい営業というのは、起業してからほとんどしていないんです。先ほども触れましたが、初受注もリクルート時代のお客様に起業のご挨拶にお伺いしたところ、「起業祝いだ！　何か仕事を頼むよ」とお仕事をくださいました。初期のお客様はこういったお客様が多く、実績もない自分に仕事を任せてくださることが本当に嬉しかったです。と、同時に大きなプレッシャーもありましたが、そういったお客様のおかげで、今があります。

そして、大きな危機が訪れたわけですね

そうです。お客様が夜逃げしまして(笑)。ある日その会社に電話をかけると、社員さんが「社長はいなくなりました。すみません」……と。会社に行ってももちろん社長さんはいません。その後、携帯も繋がらず。仕事を行なった分のお金も入らない。今となっては笑い話ですが、当時一番大きな額で取引をしていたお客様だったので、正直ダメージは大きかったです。ですが、いろいろな方からチャンスをいただき、今まで仕事が出来ています。

今はどんなふうに1日を過ごしているのでしょうか

朝は6時に起床。朝食を食べながらメールチェックなどを行ない、仕事をスタート。お客様のところへ訪問する仕事が多いため、10時頃～18時頃までは外に出ていることが多いです。戻ってからは、提案書や資料作成。また、夜は月2～4日ほど「学ラボ」事業で学生さんと集まっています。あとは、お客様と飲みに行ったり、経営者の勉強会や集まりなどに参加しています。

これからやりたいことは？

はい。「学ラボ」を広めていくことです。広める＝多くの企業さまに協力していただくこと、そして多くの学生さんに知っていただくということ。学ラボは、学生が就職前に「はたらく」や「しごと」について企業への取材やイベントなどを通じて学ぶ場です。現状、「就活」や「採用」には企業も学生も課題がたくさんあります。この学ラボを通じて、その課題を少しでも改善し、「はたらくをたのしく」を実現したいと考えています。そのためにもいろいろな方の協力を得ながら、この事業を広めていきたいと思います。

Stage 3

組織

今後、取り組むべきと考える課題を教えてください

２０１０年にリクルート時代の仲間と2名で起業し、２０１３年に1人で再スタートしたばかり。今は「経営」なんてかっこいいことはまったく出来ておらず、目の前のことに必死になっているだけ。このままではいずれ限界がくるのではないかと思って

「学ラボ３期生」のみんな。地元企業へ訪問するトレーニング中

います。ですから、未来の自分のため、また同じような道を目指す女性のためにも、法人化や仲間を増やして「組織」をつくる準備をしていきたいです。リクルートの先輩や仲間はもちろん、身近にいる素敵な女性経営者さまから沢山学ばせていただいています！

人とのつながりの強さを感じられますね

人が大好きということもありますが、私は本当に恵まれていて。たくさんの方に助けられて今の仕事が出来ています。現在オフィスを間借りさせていただいているウェブクリエイティブ㈱の石橋社長はじめ、社員の皆さん、学ラボ事業の協力企業さま、参加してくれている学生さん、応援してくださっている皆さま……。自分一人では何も出来ません。いろいろな方から知恵をいただき事業を育て、関わる多くの人と喜怒哀楽を共にしながら進んでいます。

採用ミーティング風景。「みんなで採用」という考えのもと、社員も一緒に採用について考え、動く

経営的にはどんな課題があるのでしょうか

どのように事業規模を拡大していくか、ということです。とくに「人」の側面で。今はまだ私一人でプロジェクトごとにパートナーの方々とチームを組むというスタイルですが、やはり今後は自社で人を採用して、社内のメンバーでチームをつくりたいという気持ちがあります。別の言い方をすると、小さくてもいいので雇用を創出したいということでしょうか。そのためには安定的な拡大をどう図っていけばいいか、また私個人の経験だけでやってきた仕事を、どう新しい仲間に伝えていくのか。最近はそういったことを考えるようになり、その仕組みづくりをし始めました。

＜女性たちへのメッセージ＞

尊敬する女性の多くが「欲張ろう」と言います。仕事だけではなく、結婚も出産もする。家事だって完璧にする。やりたいことは諦めない。

私は不器用なので、どれか一つに集中するとほかが見えなくなるタイプで、欲張るのはダメなことと思っていました。しかし、欲張って成功している素敵な女性が多くいることを知り、しっかり欲張ろうと思うようになりました。私もまだまだ欲張ります！　自分の未来を諦めずに、一緒に欲張りましょう（笑）

会社 DATA

社　　名	株式会社はたらこらぼ
事業内容	人材採用・育成サポート、地域の働く人と仕事を発掘してつなぐ仕組み「しごとコンビニ」の企画・運営
連 絡 先	〒700-0807　岡山県岡山市北区南方2丁目12-11 E-mail：info@hatacolla.jp

最近の私と会社

電子書籍としてこの本が出版されてから、7年が経過しました。私生活では、結婚・妊娠・出産、父の死を経験。「寝る時間以外は仕事」という生活から、家族との時間を大事にしながら働く方法を試行錯誤している毎日です。仕事では、間借りしていたオフィスを卒業し、自分のオフィスを構え、法人化し、仲間が1名でき(「学ラボ」に参加してくれていた学生さん)、新たな事業がスタートするなど、めまぐるしくも充実した日々を送ってきました。

起業当初の目標の一つである「最低10年継続」もクリアし、次の10年に向けて動き始めたところです。新たな事業は、市町村と連携し、地域の働く人と仕事を発掘して繋ぐ仕組み「しごとコンビニ」です。高齢者や子育てママなどの時間や年齢がネックで働きたくても働けない人が、短時間からでも働くことができ、「しごと」を通じて自分の望む生き方を実現することを理念に、一般社団法人つながる地域づくり研究所さんと共に企画・運営を行なっています。現在は、2拠点目となる北海道東川町様にて導入サポート中で、メディアでも数多くご紹介いただき、グッドデザイン賞も受賞できました。

これからの10年は、人材採用・育成サポート事業の継続・発展、そして「しごとコンビニ事業」の全国展開を行ない、「はたらく を たのしく」の輪をさらに広げます。そのためにも仲間を増やし、自らが体現者となるような会社づくりを行ない、その仲間と共に、変わらず欲張りな毎日を過ごしたいと思います。

一般社団法人あそび心研究所
(略称：ＡＳＯＫＥＮ)・代表理事

小林 亜希子

こばやし・あきこ

リクルート在職 15 年（1993 年～ 2008 年）

29歳で起業！

■ PROFILE

中央大学（文学部国文学科）卒。1993 年、㈱リクルート入社。住宅情報事業部で営業・編集部を経て、2001 年、HR 事業部ガテン編集部に異動。2004 年『ガテン』編集長・組織長。『B ing』編集長兼務。2009 年 8 月 18 日、一般社団法人あそび心研究所（略称 :ASOKEN）を設立。夫と 2 人暮らし。

■ 私のスローガン

「仕事において大切なこと　使命感・誇り・笑顔・ワクワク感」 刑事である父から受け継いだ使命感と誇り。自分の人生において絶対に譲れない笑顔とワクワク感。個人的に大事にしている言葉です。

「自ら機会を創り出し、機会によって自らを変えよ」 独立してからなお一層身に染みて感じる、リクルート創業者·江副浩正氏の言葉です。そして、ASOKEN の理念「チームで勝つ」& 行動指針「あほになれ」も、私にとっては大切な言葉です。

「一本のクレーム電話がこの事業を起こすきっかけをつくってくれた」

Stage 1

広告予算

リクルートで一番思い出深い出来ごとは?

入社初日、上司に1冊のノートを手渡されました。「1ヵ月、毎日30個、質問とその回答を書け」と。最初は分からないことだらけなので余裕綽々でしたが、すぐに聞くことがなくなり、大変なことに。でも、一生に一度のチャンスである売上部門新人賞、ガルコン新人賞※注をいただけたのは「情報を探す力、メモ力、ヒアリング力、ネタを広げる力、要約力」など、このミッションで社会人に必要な基礎能力が自然に身についたからだと思います。

われながら面白かったと思える仕事は?

若年層に対して『ガテン』という求人誌の認知度をあげなければいけないのに、当時、景気の影響もあって広告宣伝の予算はゼロ円でした。けれど、世の中の半分以上の労働力を占めるガテン（現業職）層には、生活のあらゆる面でこだわり（ニーズ）があり、そういう意見には「市場価値がある」と判断。そこで、読者となる彼らの声を反映した商品開発のアイデアを企業に持ち込みました。その結果、Tシャツ、タオル、コーヒー、カップ麺、お弁当、入浴剤など、次々とガテンコラボ商品が実現したんですね。テレビやラジオでも扱ってもらい、広告換算値3億円相当の広告宣伝が出来たことになります。ニーズのマッチングとアイデアで、広告宣伝の枠を超えた面白い仕事が出来たと自負しています。

Stage 2

クレーム電話

独立の直接的なきっかけは？

それは1本のクレーム電話でした。ガテン業界には「3日・3週間・3ヵ月」と、従業員が辞める「魔の3の法則」が存在すると言われてきました。その電話は「3時間で辞めたから広告料を返せ！」というものだったんです。この電話がきっかけで、私は人がすぐに辞める会社と長続きする会社の違いは何だろうと考えるようになりました。そして、その日から、仕事の場でもプライベートでも、「仕事選び、会社選びのポイントとやりがい」をヒアリングし、とうとう「チーム力と人の在り方」にヒントがあることを発見したんです。それから約3年間は休日を利用して、セミナーや現場で勉強を重ねました。その結果、「チームビルディング」（効果的な組織づくりやチームをまとめるマネジメントの手法）と、シアトルに実在する魚市場の理論「ＦＩＳＨ」を組み合わせたメソッドをつくり、広告主に「元気になる組織づくりの方法」をお返ししたかったのですが、当時の仕事とはかけ離れていたので独立を決心したというわけです。会社で事業化は出来ませんでしたが、その試みを事業部メンバー150人に実施させてくれたリクルートの懐の広さには今でも感謝しています。

どんな事業を始めたのですか

２００９年8月18日という末広がりの日に、「一般社団法人あそび心研究所（略称：ＡＳＯＫＥＮ）」を設立しました。

チームビルディング・組織活性事業、教育キャンプ事業の２つを大きな柱にした人材育成の事業です。理念である「チームで勝つ」に基づき、「あ・愛情　ほ・奉仕　に・忍耐　な・仲間　れ・礼節」を大切に、チームのために自らの既成概念をとっぱらって「あほになれ（自ら発信し、受信し、行動する）」が行動指針。プロジェクトスタッフは、この理念と行動指針のもと、同じ目標に向かって自ら考えて行動してくれ、いつも本当に助けられています。

最初の仕事は？

最初にいただいた仕事は広島の建設会社さんの研修でしたね。とにかく現場での実践を積みたくて、交通費と宿泊

子どもだけのホームビルディング『一週間わんぱくキャンプ』。彼らの吸収力、変化対応力、成長力はスゴイ

費だけで受注。時間配分もプログラムの組立ても正直ボロボロでしたが、プログラムが進むにつれて受講生の表情がどんどん明るくなり、チーム力があがっていくのが目に見えて分かるんですよね。涙が出るぐらい嬉しかったことを覚えています。3年たった今でも、毎回、必ず新しい学びがあり、「チーム状態が変化し、笑顔が増える」瞬間にいられることが本当に幸せです。

Stage 3 煮詰まる

経営者としての一日の流れを教えてください

まずスケジュールと「To Do」を確認したうえで10時始業。業務委託契約を結んでいる相手先企業の仕事をしつつ、営業、資料作成、打ち合わせ、調査・インプット、講師、講演などを行ないます。週の半分位は、夜、人とお会いしていますね。土日もイベントなどがあるので定休日は決まっていません。煮詰まると、水に触れてリフレッシュするようにしています。時間を見つけては山や川や海で、普段は近くの隅田川を散歩したり、本を持って長風呂したりします。

仕事とプライベートの境目は？

仕事とプライベートの境はあまりありませんね。教育関連の仕事をしている夫と話す時間は、毎日のリフレッシュ兼仕事のネタ発見の場かしら。また、月一で仕事を兼ねて実家に帰省し、甥っ子たちと遊ぶのも貴重なリフレッシュ兼仕事のネタ探しの場といえるかもしれません。休日は、旅行やアラフォーバンド活動、夫が主催している「大人なのに無茶する会」で、皆でワイワイチャレンジ。年に1度は、自分の誕生月に今までやったことがないことをやることにしています。

10年後、20年後の夢は？

老若男女問わず、「チームで勝つ」、「あほになれる」人材が、一人でも多くイキイキと活躍している社会の実現です。そのためにも、チームで勝つための人材育成プログラムをより多くの方にお届けし、現場の課題感やチームビルディングの大切さに気づいていただくこと。共通認識をもつチームの中で、リーダーあるいはフォロアーとしての自分の強みやのびしろを発見、個人の役割や責任を全うし、1人では成し得ない成果を出せる人材育成のお手伝いをし続けたいと思っています。

＜女性たちへのメッセージ＞

人は仕事だけでなく、家族・地域・趣味など、様々なチームに所属しています。腕力以外は男性に勝るとも劣らない女性ですが、さらに可愛げ・笑顔・人を育てる母性など、女性特有の能力にも長けています。この能力を「チームで勝つ」ために活かしませんか？　どう過ごしても同

現場の課題、チームの発達段階にあわせアクティビティを進行、チームがガラッと変わる瞬間がたまらない

じ一日なら、自らプラスの態度を選び、相手に興味をもち、楽しませ、楽しむ。コミュニケーションの量をはかり、質を向上させる。そうすればチームが明るく元気になりますよ。

※注　ガルコン新人賞　リクルートには「RING（新規事業）」アドコン（クリエイティブコンテスト）」など多種多様な社内コンテストがある。年1回実施される論文コンテスト「ガルコン」もその一つ。ゴールデン・シーガル・コンテストの略。同様のマネジャー（管理職）必参加の「経営への提言」コンテストもある

会社 DATA

社　名	一般社団法人あそび心研究所（略称：ASOKEN）
設　立	2009年
事業内容	「チームで勝つ」を理念とした人材育成コンサルティング。チームビルディング・組織活性事業、教育キャンプ・教育研修事業、野外活動・体験学習・イベント事業、人材育成事業
従業員	登録制プロジェクトスタッフ（約100名）
連絡先	〒386-0031　長野県上田市小牧57-6 URL：http://www.asoken.jp/ E-mail：ahoninare@asoken.jp

小林 亜希子　(一社)あそび心研究所

最近の私と会社

設立から11年。おかげさまでＡＳＯＫＥＮは全国の企業様や諸団体の皆様にお声がけいただき、お客様のご要望にお応えする形でプログラム数も順調に増加しています。

個人的には、２０１７年７月より、創業85年の計測器メーカーの人事責任者を拝命したことを機に、ＡＳＯＫＥＮの代表理事をパートナーに譲り、今は一理事兼プロボノとしてサポートする立場となりました。また拠点を信州に移し、豊かな自然と四季を五感で感じながら、充実した毎日を過ごしています。

リクルート時代、手に職・職人向けの求人誌「ガテン」で、モノづくりの面白さとチームの大切さを教えていただき、ＡＳＯＫＥＮでの活動を経て、今、モノづくりの会社の人・組織に関わっていることに不思議な縁を感じます。

現在、国内だけでなく、各国の人・組織に携わらせていただいていますが、いろいろな会社をサポートさせていただいた学びや経験をもとに、メンバーとともに仕組みを創る面白さとともに、変化の激しい時代をよみ、スピード感をもって変革する必要性を痛感する毎日です。また、中国・韓国・ドイツ・インドなどで、現地スタッフとともにチームビルディングを実施しましたが、国籍も老若男女も問わず「自分とチームの可能性に気がつく」という活動は、生涯を通じ学び続け、社会や会社、関わっていただく多くの皆様のために貢献していきたい分野だと感じました。

リクルートで学んだ「自ら機会を創り出し　機会によって自らを変えよ」を通じ、いろいろな出会いや多くの学びがあり、今、ここにいることを心から感謝します。

株式会社シーウインプロ・代表取締役

斉藤 由美子

さいとう・ゆみこ

49歳で
起業！

リクルート在職 28 年（1982 年～ 2010 年）

■ **PROFILE** 都立久留米西高校卒。㈱リクルート入社後、人事教育事業部に配属。同部門の㈱人事測定研究所の独立にともなって転籍。2003 年、GCDF-Japan キャリアカウンセラーの資格を取得。その後、新規事業のプロジェクトマネジメントを担当し、コールセンターの立ち上げおよびマネジメント、リクルートマネジメントスクールなどを担当して 2010 年、フレックス定年制度で退職。神奈川県庁非常勤特別職などをへて個人事業主として人材開発業務に従事。2013 年、法人化して㈱シーウインプロを設立した。以後、研修企画・運営マネジメント、コールセンターの設計・活用など幅広い事業を展開しながら２人の息子を育て、学童保育の会長や地域サッカーの役員などの活動にも熱心に取り組んできた。39 歳で実父の介護、45 歳でひとり親の選択をするなど、常に女性が働くということや、仕事と家庭の両立と前向きに取り組んできた。25 歳で結婚。会社のメンバーからは「細かいことは得意ではないようだが、それを補っても余りある推進力と、底抜けの明るさ」で変化を起こす人という評。現在は、２人の息子とともに「〝生きる力〟全開で、日々しなやかに生きております！」

■ **私のスローガン** リクルートの社訓**「自ら機会を創り出し機会によって自らを変えよ」**が好きです。ベンチャーであるリクルートの全社員への行動指針。リクルート時代より、起業してからのほうがしっくりくる言葉、行動指針となる力強い言葉です。加えて、恩師が貫いてきた「個をあるがままに生かす」という企業理念、人と組織に向き合う際の原点です。生きるという字には、人生を表していて、自分らしく生きる選択を支援したいと思う自分の原点です。

「おまかせします」と握手され、仕事がスタート。期待以上の成果をあげようと鳥肌が立った瞬間だった

Stage 1

受注記録123日

営業庶務からスタートしたんですね

リクルートの営業記録として残る「連続受注記録123日」を達成したときの営業庶務でした。「営業庶務」とは課長とともに組織を束ねる役割。当時はそういう認識のあるリクルート特有の職種でした。「1日1枚申込書（注文書）」と行き先ボードに書き込んで、課長とともに営業の母のような気持ちで叱咤激励しながら営業マンを応援し続けました。記録をいつまで続けられるか？　そんな緊張を味わいながらの123日。営業魂とはどういうことか。行動から教えてもらった貴重な経験。営業庶務は自分にとっての仕事の原点、そして天職だと思いました。

いろんなプロジェクトにかかわったようですね

サービスやメディアの立ち上げにおいて、プロジェクトに参画する機会を多くいただくことがありました。目標に向かってプロジェクトを立ち上げ突き進むプロセスが好きです。目標に向けて仕事をつくり出していくチーム力の醍醐味はリクルート時代に教わりました。メンバーと上司の垣根がなく、全員が当事者意識でプロジェクト推進が出来るチームは強いですね。数ある仕事の中でもリクルートマネジメントスクールの立ち上げには、強い思い入れがあります。

波瀾万丈もあったとか？

リーマンショックの後、信頼している同僚や自分のメンバーが辞めることになりました。ちょうど同じ頃、私はひとり親の選択をしなければならないことになり、冷静さを失っていた時期に、フレックス定年を宣言することになりました。人生の中でももっとも大きく激しい転機が退職と離婚。覚悟を決めるとはこういうことか。もう前を向いて走るしかない、後ろを振り向かない10年間。波瀾万丈の10年でした。

Stage 2 看板

退職=独立ではなかったのですね

リクルートグループを卒業してから3年後、世の中に貢献出来、これまでの経験を活かして、やれることが見えてきた頃に、業務委託でのミッションをいただくようになり独立を決心しました。独立したくてリクルートグループを辞めたわけではなく、仕事をしているうちに独立しようと思った現実派です。以来、リクルートの看板に恥じないよう、企業の人の悩みのお役にたてるよう頑張ってきました。

独立して最初の仕事は覚えていますか

信頼してもらっていると強く感じた発注が、独立初期の頃にありました。ご紹介でお会いした、お茶会社の社長さんからの研修のご発注。初回アポで店舗のミステリーショッパーを実施して、ご報告。現状調査から教育の課題をご提案しました。その場で「お任せします！」と握手で仕事がスタート。ものすごく信頼してもらったと感じ、期待以上の成果をあげよう、と鳥肌が立った瞬間です。

売上げが安定するまで不安が続いたようですね

単発の仕事が多い当初、翌月の売上げが安定せず、精神的に不安を抱えていた時期がありましたね。毎日飛び回っていましたから、そんな矢先、人生初めて駅構内で過呼吸で倒れました。初めての救急車でした。やはり売上げが安定しない、見えない不安というのは精神的な不安が大きいことを実感しました。ピンチではあったもののいい機会となり、自分自身の行動を見直すことになりました。家族があってこそ、仕事が出来ているということも実感した貴重な経験です。

能登家族旅行

Stage 3

健康管理

独立後の人間関係はどうでしたか

仕事関係、地域、趣味などで多くの仲間に助けられています。仕事では協働することも多く、互いを高め合う存在である方々とのつながりを大切にしています。シェアオフィスのメンバーとの交流も刺激になっています。仕事以外では、子育てを共にしてき小学校時代の子どものママ友とのお付き合いも長く、子どもの成長を共に喜び支え合っている大事な一生の友です。新しい関係をつくることも好きですね。

一日の行動の流れを教えてください

朝の習慣からスタートします。起きたらまずはイメージトレーニングからスタートします。仕事のパフォーマンスを上げるには、健康管理が欠かせません。毎朝30分程のウォーキングと筋トレで健康維持しています。タイムマネジメントは15分刻みで考え、1日の行動を組み立てます。出張の際は行きは仕事に充て、帰りは本を読んだり音楽を聴いたりして、休息に充てることにしています。顧客訪問は平日日中に効率よく組んでいます。

尊敬する女性はいますか

尊敬する女性は、カンボジアの孤児院に魅せられ、孤児院の母となった楠美和さんです。何もかも捨て、覚悟を持って孤児の母となった姿はとても美しく眩しいのです。孤児との生活を通し、子育て・しつけ・勉強など、その育成をしている姿を見ると応援せずにはいられません。異国の未開拓の地に住みつき、世界の子どもたちを守る姿は誰にでも出来ることではなく、心から尊敬している女性です。

最近の私と会社

事業の主軸を移す

　2020年、コロナ禍の変革を契機に7年継続してきた事業の主軸を研修事業から、個人の幸せを追求するキャリア形成に置き、これまで自分が培ってきた知識・知恵・経験をもとに幸せなキャリアを築きたい方々にサービスの提供をすることにいたしました。「ふくキャリスクール」2021年開講します。具体的には、女性が自立し、キャリアを選択出来る支援をする、自分ファーストの幸せなキャリアを実現させ、資産形成を軸としたキャリアコーチングです。一人ひとりが幸せの本質を深く在り方から見つめ、その上で自立した在り方・生き方を促進することを支援するキャリアサービスをご提供します。

働き方改革の実践も自ら体現する

　これは副業時代もやってきました。まだまだこれからとはいえ、日本も終身雇用のメンバーシップ社会から個人の価値観や能力、キャリアを重視したジョブ社会への転換へのスタートを切ったと思っています。ひとり企業も個人事業主も増えることでしょう。私自身が常に新しい働き方を模索し実行していきたいと考えています。リモートワークを中心にした働き方の中、リアルな対話から生まれる価値も大事にして、どちらかに固執することなく社会にしなやかに適応していきます。

会社 DATA

社　　名	株式会社シーウインプロ
設　　立	2013年5月2日
資 本 金	100万円
事業内容	働きがいがある組織をつくる「人材育成」、幸せな人をつくる「キャリアコンサルティング」を事業の中心に置き、営業支援など現場実践につながるコンテンツでリアルな体験からの学びを伝える。キャリオンラインセミナーを運営している。
連 絡 先	102-0074　東京都千代田区九段南 1-5-6 りそなビル 5F TEL：080-6729-6365　E-mail：yumiko_s@seewinpro.co.jp

株式会社 Rainbow Sake・代表取締役社長

菅波 葉子

すがなみ・ようこ

39歳で起業！

リクルート在職９年（1997年～2006年）

■ PROFILE　相模女子大学短期大学部（英文科）卒。㈱リクルート入社後、中国支社生活情報事業部で『サンロクマル』誌、『ホットペッパー』誌の創刊に営業としてたずさわり、『ホットペッパー渋谷版』編集長、『ホットペッパー銀座版』編集長などのマネジャー職を歴任した。当時、全社内においては女性最年少マネジャー。営業・マネジャー時代ともに数々のＭＶＰを受賞。また、『菅波葉子の福の営業』として、全国ホットペッパー事業の営業行動モデルとしてナレッジ化され、社内教育ビデオに収録されるなど、行動モデルとして事業部全体に共有化された。

■ 私のスローガン　「得意淡然、失意泰然」　父からいつも耳にタコが出来る程言われてきた言葉が、私の人生訓になっています。どんなときも平常心を保ち、前向きな心で生きていきたいです。常にポジティブ思考でいれば、良いことがどんどん引き寄せられるはずです。今後の挑戦により、今まで経験したことのない逆境をきっと経験するのでしょうが、その分得られる喜びも大きいはずです。どんなときもこの言葉を胸に一瞬々を大切に過ごしていきたいです。

経済産業省の「海外事業創業支援補助金制度」に応募して採択されたのを機に会社設立

Stage 1

マネジャー

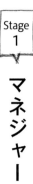

新人時代、辛かったことってありますか

入社1年目、中国支社で営業に配属されました。創刊直後の生活情報誌『サンロクマル広島版』を担当したのですが、媒体認知度はもちろん、地方なのでリクルートという会社の認知度もないという環境の新規営業は辛かったですね。飛び込めば怒鳴られ、見本誌を投げられたこともあり、帰社すればマネジャーに叱られ、売れない営業が苦しくて仕方なかった。その頃、支社長だった平山さんから「営業マンではなく、福の神になりなさい」という一言をいただいた。その言葉で一瞬にして視界が変わり営業の真の意味を理解し、その後は苦痛だった新規営業も楽しさに変わりました。

20代でマネジャーになったのですね

28歳でした。マネジャーなりたての頃は、もう日々失敗の連続でしたね。マネジメントのやり方が分からず、なにもかも手探りでした。女性リーダーのお手本がない時代で、リーダーは強くなければいけない！　と意味をはき違えて空回りばかりしていました。メンバーをやる気にさせるどころか、結果を出せないなら自分が売りに行く！　と前のめり、気が付いたら誰もついてきてない。最低のマネジャーでしたね。でも、20代であれ程の失敗経験を積めたのは貴重な経験です。

独立はいつ頃から考えていたのですか

10代の頃から、自分はいつか独立するのだろうと当たり前のように思っていました。とはいえ身上的には39歳の今日まで独立していませんが(笑)。なぜかというと、父が会社経営者で、また父母方ともに代々会社経営をしている家に育ったというのがあると思います。その環境が自然と独立精神を育てたのだと思います。そういうわけで、38歳でサラリーマン生活に終止符を打ちました。自分のやりたい事の出来る会社がこの世に存在していなそうだったため、独立するしか道はなく、40歳手前で独立を決めました。

Stage 2 ハワイ

独立するきっかけのようなものはあったのですか

ずいぶん前になりますが、短大卒業後の英国留学時に外からみた日本の素晴らしさを感じた事が今の道につながっているかしらと思います。以来、いつか世界にこの国の魅力を正しく伝えたい、そんな想いは常に持っていましたね。直接的にはハワイで仕事をしていた頃（社長がリクルートOBのハワイの情報誌「KauKau」を発行する会社に営業部長として転職)、高級レストランでグラス1杯20ドルの日本酒がひどく劣化した状態で提供され、そのときに「これでは日本酒が誤解されてしまう！　正しい管理、提供方法を提供者に啓蒙していかなければと強く思ったのがキッカケです。その頃はまだワインの方が好きで、日本酒は嗜む程度でした。ただ、20代の頃から酒蔵巡りは好きでした。さらに数年前、日本酒造りに関する本を読んでから、急激に日本酒界への興味が増していきました。

それからどうしたのですか

２０１３年の1月に、岩手県の酒蔵さんから「日本の酒を広めてきてください」との依頼でこの仕事がスタートしました。最初のステージは以前住んでいて思い入れ深いハワイ。年間約5回のペースで現地に出向いてＰＲ活動をしてきました。その蔵元さんからの後押しもあり、しだいに事業として立ち上げてみようという考えが生まれました。その年の夏には、経済産業省が募集していた「海外事業創業支援補助金制度」に応募して採択されましたので、それを機に、会社設立に至りました。すべてがタイミングと自然の流れでした。会社立ち上げはもっと大げさな事かと思っていましたが、意外とあっさり設立に至りましたね。現在ほかにも数社の酒蔵さんと契約を進め、シンガポールにも活動の幅を広げて行く予定です。ずっと自宅の一室を事務所にしてきましたが、実績を積み上げていって、将来的には海外各営業拠点の、とても心地良い場所に(笑)オフィスを開設したいな、と思っています。

Stage 3

日本文化

最近、とくに勉強していることってありますか

日本酒と英語の勉強ですね。英語はビジネスと日本酒の専門用語（表現方法）に特化して勉強しています。レストランスタッフ、シェフに向けて英語での日本酒講座を行なうため、初心者でも理解しやすい表現方法が必要と考え、そのあたりを勉強しています。利酒師と国際利酒師の資格は取得しましたが、奥の深い世界なので常にインプットが必要です。日本酒については酒蔵へ直接足を運び、数日間蔵に入って現場から学ぶことも行なっています。

困ったとき、迷ったときの相談相手は？

私の実姉ですね。経営と会計のプロである姉は、私の不得意分野を全面カバーし、随時的確にアドバイスをしてくれる、とても頼もしい存在です。姉のサポートがなければ事業立ち上げに至っていません。

どんな社長像をめざしたいですか

当たり前なのでしょうが、社長の役割とは、

ハワイの「The Sake Shop」にて開催したティスティングパーティの様子

100年以上先の未来を考え、「今」に取り組む覚悟を持つこと、そして社員一人ひとりが強みを最大限発揮し、活き活き働ける環境をつくり続けることだと私は考えています。言うは易しですが、そんな人を目指したいです。さらにチームづくりでいえばジグゾーパズルがイメージです。社長もそのピースの一つであり、凹んだ箇所もとんがった箇所もあり、パズルでお互い埋め合わせて一つの絵を描けるようなチームづくりが理想です。

これから取り組んでいきたい夢と課題は？

「SAKEで世界を笑顔でつなぐ」。そういう役をともに担ってくれる仲間を増やし、日本文化を広める海外営業部隊を結成したいです。日本酒を軸とした日本食文化の素晴らしさだけでなく、日本人らしさを大切にした「営業」を世界に発信することが夢です。顧客を思う心、顧客視点に立った提案、きめ細かいアフターフォロー。日本人らしい営業スタンスを貫きながら、各国の人に馴染めるコミュニケーション力を備えたチームをつくっていくのが夢です。

一方で足元を見ると、生まれて初めて銀行から大きな借金をしたことへの不安はあります。まだ走り始めたばかりなので困ったことは格別ありませんが、実際のところは困るところまでまだ辿り着いていない

中国新聞

日本酒の魅力 世界へ

呉の菅波さん PR会社設立

日本酒を海外に広めるPR会社を設立した菅波さん

日本酒を海外に売り込もうと、呉市の女性がPR会社を設立した。国内の酒造会社と契約を結び、ハワイや東南アジアなど、需要の伸びが期待できる地域で商品を売り込む。

同市中央の菅波葉子さん(39)。2013年10月、株式会社「Rainbow Sake」を設立した。まずは、「南部美人」(岩手県二戸市)の、主にハワイでの拡販や普及を請け負う。

起業前の6月から契約を結び、菅波さんが定期的に現地に出向いている。レストランや小売店での試飲会、酒に合うメニューの提案、販売スタッフの指導などを取り仕切る。

1997年から9年間、大手情報サービスのリクルートで活躍。08年、ハワイに渡り、現地フリーペーパーの営業部長として人脈を築いた。日本を離れ和食を懐かしんでいた頃、高級レストランで傷みの激しい日本酒を出されショックを受けた。「お酒の造り手の思いを正しく伝えたい」と強く感じた。

11年に帰国し、呉に帰郷。本年度の経済産業省の補助金を活用し起業した。3年間での目標は契約10社、年間売り上げ4千万～5千万円。今後スタッフを増やし、シンガポールやオーストラリアなどにも営業の場を広げる。

菅波さんは「まずは蔵元と密接な関係を築きたい。お酒を通じ日本と世界をつなぐ懸け橋になれれば」と夢を膨らませている。(小島正和)

新聞に掲載された記事

というのが本音ですね。今は焦らず着実に実績を積み上げていき、目標に向かって進んでいくことに集中していきたい。その先にやりたいことも沢山！　次から次へと夢が広がっていますから、先走らないよう、気持ちと行動のバランスを保ちながら一つ一つ形にしていきたいですね。

〈女性たちへのメッセージ〉

ハワイから戻って創業までの約2年、父の会社（機械商社）に入って造船業を中心に営業をしていたことがあります。まったく経験のない重厚長大な製造業の世界です。あるとき営業先で、父よりも年配の方と話したことが記憶に残っています。

「わしは40年以上この世界におる。じゃが、まだまだ学ばにゃあかん事がぎょうさんある」話しているうちに、リアルに人びとの生き様を感じました。そして、世界を語る前に、まず故郷を知ること、歴史を学ぶこと、その大切さをその方に教えていただいたような気がします。年配技術者の方々と直接触れ合うことで、女性であれ男性であれ、そしてそれがどんな立場、ステージであろうと、自分の「今」生かされている舞台で、一所懸命に、謙虚に学び続ける姿勢が大切なのだと痛感しました。自分にいつも「人間死ぬまで勉強！」そう言い聞かせています。

会社DATA

社　　名	株式会社Rainbow Sake（レインボーサケ）
設　　立	2013年
資 本 金	200万円
従業員数	3名
事業内容	日本酒海外普及促進支援マーケティング事業
連 絡 先	URL：http://rainbowsake.co.jp/ E-mail：yoko@rainbowsake.co.jp/

最近の私と会社

起業7年目の今、私は心地良い風を感じながら、この原稿をハワイで書いています。

現在は、ハワイ（アメリカ本土）6カ月、日本4カ月、シンガポールなどそのほかの海外2カ月というサイクルで、自分らしい暮らしを送っています。そんな今も次の目標に向かって日々邁進しています。起業してからこれまでで（まだたったの7年ですが）、最も辛く踠いていた時期は起業3年目を迎える直前のタイミングでした。やればやるほど赤字、程遠い目標数字、結果の出ない、先の見えないトンネルの中で、歯を食いしばって本当に歯が折れるほど不安でたまらない日々を過ごしました。ただ、それでも絶対に諦めたくなかったのです。リクルートで学んだ「諦めなければ必ず結果はついてくる」という信念のもと、努力を続けました。そうすると3年目を迎えたその直後、なんと奇跡的に売上げが激増したのです。その後もとにかく無我夢中で働きました。神様は絶対に私を裏切らない、という揺るがない確信をこの起業から学びました。

8年目を目前にした弊社は、「日本酒で世界中の一人でも多くの人を笑顔に、その架け橋になりたい」という、変わらないビジョンのもと、新たな事業を推進しています。さらに広がり続けるワクワクする夢に向かって一歩一歩着実に歩んでいます。

株式会社 Keep in touch 代表取締役社長

田畑 晃子

たばた・あきこ

40歳で起業！

リクルート在職 16 年（1992 年～ 2008 年）

■ PROFILE 広島女学院大学（文学部英米文学科）卒。新卒で㈱リクルート人材センター（現 ㈱リクルートキャリア）に入社。リクルート時代は、主に法人向け採用コンサルタントを経験。後に、組織長として各業界の営業部門統括を担当。2006 年 4 月、同社との兼務で、㈱リクルートエグゼクティブサーチ社のエグゼクティブコーディネイターとして、幹部市場再立ち上げに携わる。2008 年、同社設立以来（32 年）の 1000 名近い営業マンの中での累計売上げトッププレイヤーとして表彰を受ける。その年に同社を退職。翌 2009 年、株式会社設立、代表取締役社長就任。

＜著書など＞『採用側のホンネを見抜く超転職術』（阪急コミュニケーションズ）そのほか『日経WOMAN』『モア』など雑誌監修・取材多数

■ 私のスローガン 「Keep in touch」 スローガンというか、思いということでしょうか。多くの出会い、気づきの創出、つながり続ける、ご縁を紡ぐことを天職と感じてから、多くの意味を込めてこの言葉を大事にしています。弊社の社名です。

「人材エージェントは私の天職。生涯働き続けるには自分で会社をつくるしかなかった」

Stage 1

戦略

リクルートではどんな仕事を？

リクルート人材センター（現リクルートキャリア）で、主に法人向け採用コンサルタントを経験しました。営業担当時代には、年間ＭＶＰなどを連続して多数受賞し、トッププレイヤーとしての殿堂入りも果たしました。組織の長としては、各業界の営業部門統括、新商品・サービス開発、新規事業立ち上げにも携わりました。一方、リクルートエグゼクティブサーチ社では、エグゼクティブコーディネーターとして、主にオーナー系企業を中心とした経営者と経営幹部間のコミュニケーション支援、人材戦略コンサルティング、全社営業担当及びマネジャーの教育なども行ないました。

印象に残っている出来事は？

事務系中心のエージェント市場に、新たに技術系幹部領域を立ち上げたときのこと。発起人でもあったことから、事業計画を当時の上司（現JAC社長・松園健氏）に相談したところ、「もっと社内外を巻き込みダイナミックな戦略を考えろ！」。社内外？　ダイナミック？　社内のリソースにしか目を向けていなかったことに気づかされました。この言葉のおかげで、社外へ目を向け、アライアンスや新聞社取材依頼を試み、大きな成果へとつながったのです。「出来ることをやる」ではなく、「何をやるべきか」を追求する。自身のリミットを超えることが出来た一言でした。

独立を意識し始めたのは？

入社以来、幸いなことにも2年スパンで新規事業や新しいミッションに関わり、充実もしていたことから、37歳まで走り続けてました（苦笑）。その後、過去に立ち上げた事業が業績不振のため再立ち上げが必要となり、10年前の部署へ戻ることに。使命と感じてはいたものの、一区切りついたときに、改めて自分自身がこれから何をやりたいのか、50歳ではどうなっていたいのか、と考えるタイミングとなりました。

Stage 2 顧問契約

独立のきっかけとなった瞬間は？

「人材エージェントは私の天職。より拡げた新ビジネスにも

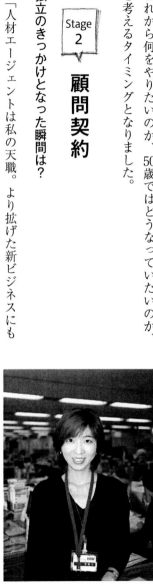

充実していたリクルート時代

チャレンジしたい」と感じたことがきっかけでした。私が考える展開は同社の方向性からは難しい状況で、実現するには自分で会社をつくるしかないという結論に。加えて30代後半から「生涯働き続ける」「40歳からは自分らしいワークスタイルを実現したい」という思いもあったことから、ＯＢの方々に相談したところ、「らしくていいいね。いいと思う」と背中をおしてもらえたことも踏み切るきっかけとなりました。

会社設立当時のエピソードは？

設立時のオフィス（現本社）は、お世話になっている元上司的存在の方の元オフィス。驚いたことにそのビルは、リクルートでの新人時代に初受注した思い出深いクライアント（大手自動車メーカー）の隣のビルでした。ここに決めない理由はない！　ということで、原点でもあるこのオフィスでスタート。立ち上げ当初だからとご配慮いただき、オフィス家具もそのまま引き継ぐことになりました。いろいろなことがつながっている、つながっていくと感じます。

最初の仕事は？

会社設立後の新しいチャレンジは、コンサル・顧問契約と執筆でした。普通なら免許取得のため半年は準備期間にもなるので、最初の1年くらいはしんどいと聞いていましたから、そのような中でのこのお話は大変ありがたいものでした。しかし、これまで日記すら続けられなかった私。出版社の方に叱咤激励を受けながら、なんとか完成させることが出来たという、涙、涙の一冊です。このようなことをお伝えすると不安になられるかとも思いますが、20年間に経験した転職事例とその裏側（ノウハウ）を分かりやすくフレームにしてまとめました。おかげさまで重版になりました。

Stage 3

ワークスタイル

経営者としての日常を教えてください

朝6時に愛猫にせがまれ起床、お風呂は朝から30分ゆっくりつかります。朝食後、一息ついたらそのまま自宅でPCを立ち上げます。考える仕事から始め、続いてメールチェック。ランチは友人やクライアントとともに。午後からは歩いて本社オフィスに立ち寄るか、クライアント先へ。夕方になるとメンバーと打ち合わせ。夕食の準備を終えた18時からはカスタマーの来客が続きます。20時過ぎに終了、ここからはプライベートな時間へ。お勤めのときは毎日外食でしたが、今は、週4日は自宅でワイワイ飲みながら料理を楽しんだりと、大好きな人たちと過ごしています。大きなイベントごとがない休日は、早朝からパートナーと眺めの良いカフェで、焼き立てのパンとカフェを楽しみながら、平日なかなか出来ない考え事や、執筆などの時間を必ず入れるようにしています。週末のランチとディナーはリフレシュ出来る楽しいひとときなので、大好きなレストランへ行ったり、おうちごはんも手間暇かけてこだわるようにしています。午後は新しい町の散策を楽しんだり、新しい刺激を求め映画、ショッピングなどに出かけることが多いですね。気候の良い時期には水上バスに自転車を乗せて遠出したり、トレッキングにもはまっ

来客用に活用しているラウンジ。晴れた日には東京タワーとスカイツリーが見える

ていました。

今後やりたいことは？

当初は、自身の夢の実現が目標でしたが、今は、充実したワーク・ライフスタイルを提供出来る会社にしていきたいと考えています。結婚、出産、家庭とのバランスを大事に出来るワークスタイルを実現したい、自立して働き続けたいと思う女性が集まる、活躍している会社にしていきたいです。今は数名のチームなので、これからですね！

＜女性たちへのメッセージ＞

私の場合、プライベートとの両立ではなく、仕事も思い切りやりたい。でもプライベートを優先したいときにはその調整が周囲に迷惑をかけずに出来る、メリハリのある自分らしいワーク・ライフスタイルでありたいと思っています。私自身は家族の病気がきっかけでしたが、30代以降は、大切にしたい、しなければならないプライベートなことも増えてきています。起業というと大きな会社をつくることを目指される方が多いと思いますが、私のように小さな会社ではありますが、ワーク・ライフスタイルを実現出来る一つの選択肢になるかと思います。でも、大小関係なく顧客に喜んでいただける商品・サービスを提供出来ること、追求し続けたいという思いはビジネスの成功には不可欠です。

会社 DATA

社　　名	株式会社 Keep in touch（キープインタッチ）
設　　立	2009 年
資 本 金	500 万円
事業内容	次世代エグゼクティブサービス事業、採用アドバイザリー事業
連 絡 先	〒107-0062　東京都港区南青山 2-2-15 URL：http://www.kitkit.jp/ E-mail：info@kitkit.jp

田畑 晃子　(株)Keep in touch

最近の私と会社

２０１８年からは、主人が経営する会社でグローバル展開に再注力することとなり、また主人自らかかわることになったため、1年の半分を海外に滞在しておりました。そのため私の働き方も主人に合わせるように大きく変わり、どこでも仕事が出来るようリモートスタイルに移行しております。これまで採用支援として対面で行なってきた求職に関わるご面談、そして求人に関わるヒアリングやインタビューなど事前予約に協力いただき、すべてオンラインミーティングにて支援をさせていただいております。しかしちょうど二重生活に慣れた頃、状況は一変しました。シンガポールへの再訪問を控えていた２０２０年2月、突然コロナ騒動が起こり、まさに搭乗まであと1日というところで日本からの渡航者はシンガポールに入国出来なくなりました。以降ほぼ毎月といっていいほど飛行機と宿泊先ホテルのキャンセルの連絡が続きました。日本も追うように全国緊急事態宣言が発令され、世の中は自粛、そして仕事はリモートワークと大きく変わっていきました。日に日に求人は激減し先の見えない不安な日々が続きましたが、戻りつつある今、転職市場にも変化を感じます。テレワークやリモートワークを含む募集、副業・パラレルワーク要素の強い募集が増えてきているのです。個人・法人ともに自粛期間中の経験からの発見も多かったようで、今後も見据えてのニーズ、企業様もふまえて改善し、今後の募集要件に取り入れていく傾向も出始めています。数年前から言われている「人生１００歳、75歳まで働く時代」に備えて副業・パラレルワークニーズは追い風を受けてか一層ご相談が増えております。弊社も皆様の多岐にわたるニーズにこたえれるよう柔軟に、新しいスタイルのご提案やサービス提供が出来るようさらに最大限努めていきたいと思っております。

求職、求人に関するお問合せやオンライン面談のご予約は、まずはメールにてお問い合せください。info@kitkit.jp

トータルイメージコンサルティングサロン
「彩りスタイル・Kaorino」主宰

土田 かおり

つちだ・かおり

リクルート在職 11 年（2001 年〜 2012 年）

42歳で起業！

■ PROFILE　カシオ計算機㈱や㈱ NTT ドコモ北海道での法人営業を経て、2001 年、㈱リクルート北海道じゃらんに入社。北海道の生きている情報「食」と「観光」の新鮮な魅力を「じゃらん」を通して発信。広告営業として地域行政との地域活性事業や大手コンビニとの企業コラボによる食の商品開発、刊行物の執筆、クーポンサイト「ポンパレ」などを通して、北海道を元気にする企画に 11 年間携わり、新規賞や年間通期 MVP などを受賞。飲食店などにおける取材・撮影件数は 1500 件以上の実績がある。20 年以上の営業経験を活かし 2013 年に独立。現在に至る。

■ 私のスローガン 「成功するまで自分を信じてやり続ければ必ずゴール出来る」　私にとって起業とは人生のマラソン。成功するまで自分を信じてやり続ければ必ずゴール出来る。ゴールにはまぐれや奇跡はおきない。日々の積み重ねと熱い情熱で成功するまでやりつづけることが必要。自分のやりたいこと、出来ることからお客様の問題解決がビジネスに繋がる。チャンスは自ら掴んでいくものであり、さらなる自分の可能性を信じていきたい！これからもお客様からの感謝と感動のありがとうを心の糧としていきたいです。

「売れない営業にはなりたくないという一念で、常に目標達成にこだわり続けた毎日」

Stage 1
飛行機通学

どうしてリクルートに転職を?

学校を卒業してずっと営業職だったんですね。電子機器メーカーでのルート営業や通信移動業界での法人営業を経験してきました。たくさんの人との出会いを通して、自己成長出来るのが営業の醍醐味だと思います。どうせなら女性がイキイキと輝く日本一の企業で営業本来のメソッドを学び、自己成長したいと考えて、リクルートの北海道じゃらんに入社。信頼されるＴＯＰ営業を目指して人間力を磨き、新たな自分に出会うというゴールをめざしました。本当にやりたいことは一生懸命取り組んだ後に見えてくるもの。いうなれば自分探しの旅のスタートでした。

さて入ってみたリクルートはどうでしたか

11年間在籍して、自分の人生の可能性が広がる仕事に携わることが出来ました。広告営業がメインの仕事でクライアントの問題解決を果たすというモットーを持ち続けました。新規開拓・既存顧客への売上げアップの提案、地域活性に向けた企画を数々立案し、人が集まる仕掛けづくりを工夫しました。自分の提案プランがヒットして売上げアップにつながり、お客様から「ありがとう」のひとことをいただける。それがガンバリの原動力でした。売れない営業にはなりたくないという一念で、常に目標達成にこだわり続けた毎日でしたね。

入社して1年目は数字が上がらず苦戦しましたが、2年目後以降はペースもつかめ、MVPや新規賞なども獲得するようになりました。それでも順風満帆は長くは続かないもので、そのうち営業成績は最下位近くに下落してしまいました。すっかり自信を喪失して、その時期は自分に自信がないので無意識に黒やグレーなどの、私にはタブーな洋服ばかりを選んでいました(笑)。そういうこともあってパーソナルカラーを勉強してみたんですね。学んだことを活かして私らしいカラフルな彩りに変えてから営業成績が再びアップしてきました。自分に似合う色で自信が溢れてみえるという、第一印象の重要性を深く体感しました。

資格取得のため毎週、飛行機で通ったそうですね

そんなとき、ラジオでイメージコンサルタントという資格があることを知り、「よーし、この資格を取るぞ」と決意し、同時に2013年迄には横浜で朝をスタートするという夢を掲げました。期限を決めないと何事も実現しないと思いますから、5年以内に実現すると目標を掲げたわけです。自分らしく生きるためのサポートなんだ、ブラッシュアップなんだと、強く心に秘め、東京の学校で勉強しようと。週末、札幌〜東京間を飛行機で1年半通いましたよ。札幌での資格取得も可能でしたが、横浜での起業

を踏まえて、首都圏の空気感で一流の講師陣で実力を付けたかったがゆえの決断でした。

Stage 2

自信喪失

そして無事資格を取って開業したのですね

ハイ。リクルートも辞め、2012年から横浜市民となる夢を果たしました（笑）。いざ事業スタートという予定だったのですが、仙台出身で札幌に17年住んでいた私にとって首都圏での人脈もなく、正直いうと自信喪失の日々からスタートしたようなところがあります。それでも私らしくやろうと、会いたい人には会いにいくのがモットーでしたから、ずっとお会いしたいと思っていた日本各地の著名な方々の交流会やセミナーなどに積極的に参加することにしました。結果、成功している方々からリアルに成功メソッドを学び、起業脳を鍛えることで思考がかわりましたね。ピンチはチャンスというわけで良質の人脈にもつながりました。

夢を実現する上で何が一番障害になりましたか

ほかの誰も提供していない自分だけの独自性（ＵＳＰ）ですね、これをどこにおくかというのが問題でした。同じような類似サービスがある中で、なぜ自分を選んでもらうのか？　私の場合の強みは、イメージコンサルタントの外見力のイメージアップにプラスして、生まれもつ内面の素質を引き出すサービスが出来るということだと思います。自分のこころは自分で見えないもの。人の本当の幸せとは、外見が磨かれ、自分らしさの素質で生きることが心の豊かさにもつながると思うんですね。誰だって、自信が持てると人生の可能性が広がります。

独立して初めて知ったことってありますか

私にとっての独立とは、会社の看板を卒業して「土田かおり」としてのスタイルで生きていくことを意味しました。何ごとも、自分で自由自在に決められるというメリットを享受したい。それは反面、自分ですべてを即決行動しなければならないという大変さもあるわけですが、自分のやりたい、好きなことが、お客さまに喜ばれ仕事になるという充実感。これが独立の一番の醍醐味だと知りました。また自己管理と、自分というブランディングが必要不可欠でもあるということですね。好きなことは辛くても継続出来るというのを実感したのも独立してからのことです。

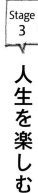

Stage 3 人生を楽しむ

会社を辞めてから友人関係、交友関係は変わりましたか

先ほどもふれたように、私が大切にしているのは人と人とのつながりです。日々たくさんの人たちに助けられ、生きている。心から感謝しております。そういうことで個人で仕事をするには人脈がとっても大切なんですね。成功している上質な方々とのつながりから成功メソッドを学び、ともに学んだ仲間とお互いを励まし、高めあい、そして異業種の起業家仲間とは掛け算が出来る人脈。また自分でも人と人との出会いをつなぐワイン会を主催して、今まで縁のなかった方々とのリアルな出会いからビジネスや人脈も深まりました。

忙しい毎日。仕事とプライベートは両立出来ていますか

新しい創造力を生み出すには遊びの時間も必要だと痛感しています。オンとオフではなく自分が楽しいと思うことだから、常にオン&オン。そういう意味で横浜での朝ランが私の5年越しの夢でした。朝、走ることは心がクリアに浄化され、自分と向きあう大切な時間だと思います。朝ランが高じて自分の限界にトライするため、北海道のサロマ湖100㎞に挑み、9時間50分で完走したこともありますよ。走ることでカラダと心も鍛えられたと体感しましたね。食べるものがカラダをつくる、カラダが自然に潤うものを味わう、というのが私の心のビタミンになっています。

これから取り組みたいテーマ、経営課題は?

これからは、キャリアアップや起業したい女性へ向けてのトータルブランディングサービスもしたいです。今後は一人ひとりの個人が、個性を活かす時代だと思いますから、個性×出来ること×やりたいこと探しの新たな一歩のサポートが必要になってくるはずです。自分の強みは自分では分からないものですから、人に客観的に言

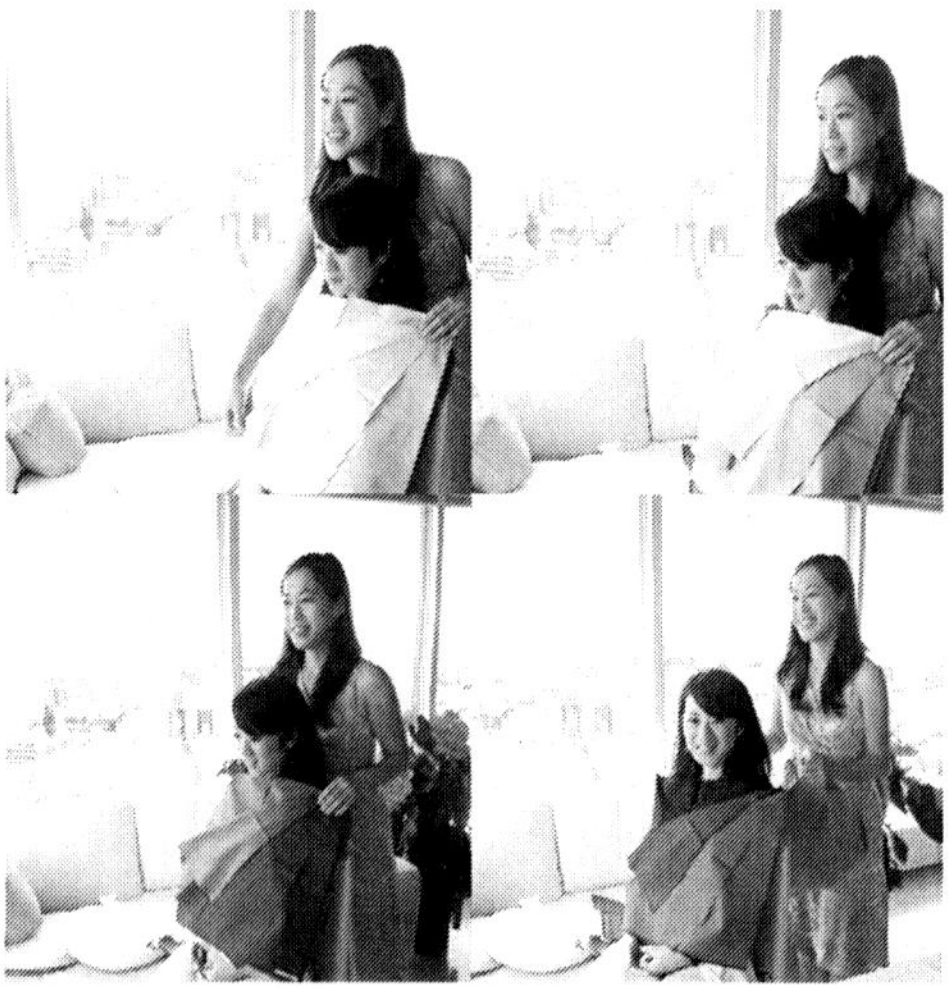

自分に似合うファッションが分ると自分に自信が持て、仕事も恋愛も順調に。無駄な買い物がなくなる

われて気づき、それがビジネスにつながるケースも少なくないんですよね。女性として仕事も恋も家庭もアクティブに、自分軸でステージアップしたい女性を応援していきたいですね。女の30代からこそが自分から動きだすのはチャンスですから。

＜女性たちへのメッセージ＞

自分らしく生きたい！　でも何からしたらよいか分からない。大切なのはいつかではなく、今であり、今出来ることはたくさんあります。起業を志すなら、会社員で仕事しながらでも、公共で開催している無料起業セミナーなどに参加してみる。私もそこが原点でした。いつもと違う行動をすることで出会う人が変わり、思考も変わる。ひとりでは心が折れてしまいそうでも、仲間とともにイメージをふくらませ、期限をきめて行動することではじめの一歩につながると信じています。

サロンは大森駅より徒歩３分の好アクセス。
母娘や友人同士のペアなら、さらに理解が深まる

最近の私と会社

これまでの常識や価値観から新時代へ。今まで当たり前であったことに小さな幸せを感じたり、人生において大切にすべきものはなにか？　今後はどう在るべきかを真剣に考える機会にもなりました。大きな転換期を迎えている今、変化・変容を恐れることなく、変化を楽しめる自分であること。そのためには、今あるものに感謝しつつ、毎日を丁寧に暮らすことでマインドを整えたり、動き出すのは自分から。チャンスを掴める自分でありたいです。

そして転換期を機に、社会情勢に左右されないビジネスモデルの再構築の基盤づくりへ。これまでの私が培ってきた経験や知識などから活動の見直しや転換の準備をしております。その一つとして私が20年ほど営業で培ってきた対人コミュニケーションスキルを活かすこと。まずは自分自身を知ること。そして家族や友人、社内や取引先など、人との円滑なコミュニケーションにより、お互いが理解しあえる豊かな社会になるよう個人や法人向けに貢献していきたいです。

10年前は北海道民で、5年以内に首都圏へと夢に期日を付けることで現実となりました。今後も実現したいことに期日をつけることで先延ばしすることなく行動力を高めていくという想いをどんどん現実化していきたいです。

そして何よりも未来に不安を膨らませるよりも大切なのはいつも今にベストを尽くすこと。こころの豊かさを常に身に付けることで関わりあう人や社会に還元していきたいです。

会社 DATA

社　　名	イメージコンサルティングサロン「彩りスタイル Kaorino」
設　　立	2013 年
事業内容	人が生まれもつ魅力を内外面から最大限に引き出し自信を持っていきるためのトータルイメージコンサルティング　・パーソナルカラー・骨格タイプ別ファッション診断・統計学による生まれもつ自分の素質　i-color などによる個別コンサルティングやグループ講座、法人向けにイメージアップ戦略やコミュニケーション力アップセミナーなど、・東京横浜ワインスタイルとして人と人との出会いのご縁をつなぐワインパーティなどを主催
連 絡 先	〒143-0016　東京都大田区大森北 1-32 URL：http://kaorino.com/　　https://kaorino.com/archives/7560 E-mail：info@kaorino.com

キャリアプランニング32・代表
※なでしこベンチャー大學・校長を兼務

壷井 央子
つぼい・ようこ

リクルート在職6年（2005年～2011年）

32歳で起業！

■PROFILE 岡山大学（教育学部）卒。新卒採用コンサルティングの会社を経て、中途採用の手法を学びたいと2005年に㈱リクルートエージェント（現 リクルートキャリア）に入社。メーカーを中心とする法人営業を経験後、斡旋のみに留まらない幅広い提案をしていきたいと考えていた中、企画開発部に異動。大手企業を中心とする大規模採用プロジェクトの企画からプロジェクト管理までを担当。その後、斡旋事業に関わる以上、個人向けのキャリア支援を経験したいと、社内のオープンドア制度（社内ＦＡ制度）を利用して、キャリアアドバイザー職へ異動。キャリアアドバイザーとして経験を積む。在各在籍マーケットにて、ＭＶＰ賞、ＭＩＰ賞、グッドプラクティス賞、ベストジョブ賞など10数回以上の受賞を経て、2011年に独立。家族は、曽祖父が呉服のちりめん会社を営んでおり、その近江商人気質を引く父と専業主婦の母という家庭に生まれ、女性は何のために働くのかを物心ついた頃から考える環境にあった。

■私のスローガン 「クリーンな夢を持ちなさい。そうすれば必ず支援してくれる人たちが集まるから」
これは、これから自分がどんな生き方をしていったらいいのかと悩んでいた20代の頃、ネパールを旅しているときに、出会った現地の方から言われた言葉。何かを始めるときやうまくいかないときに、自分がやろうとしていることが本当に正しいのだろうかと迷ったら、思い出すようにしています。それが正しいことならきっと支援してくれる人たちがいる。そう自分に信念を持つための言葉です。

20代は、自分の〝強み〟って何だろうといつも考えていた。それが独立への思いにつながった

Stage 1

コンプレックス

リクルート入社当時、忘れられない思い出はありますか

入社して一番驚いたことは、自分のグループのメンバーが、東大、慶応大、早稲田大卒ばかりだったこと。地方国立大学出身の自分の頭の出来でいったいこのメンバーの中でどう戦っていけばいいのかと、当初は学歴コンプレックス。でも、だからこそ「自分の強み」ってなんだろう、結果を残すための「私なりの方法」ってなんだろうと常に考えてきました。今振り返れば、20代の大事な時期にそういう視点を持てたことが、その後の自分にも大きな影響を与えたと思います。

上司との間で思い出深い出来ごとは？

リクルートで働いてよかったと思えることの一つに、上司の要望性が高かったことが挙げられます。私は、地方国立大学を出て、小さなベンチャー企業での経験しかなかったので、自分の実力はこれぐらいかなと思ってきたのに、私の素養に関わらず、徹底的に要望をされました。「顧客のためにそれでやり切ったのか」と問われれば、まだやれることがあると思い、限界まで頑張る。上司からは、走り切ることを教わり、それによって自分を成長させていくことを教わりました。

独立しようと思った時期やきっかけは?

仕事は好きだったので一生続けていきたいと思っていました。また一方で、いつかは独立したいという思いも20代前半からありました。でもそれは、会社の社長になりたいという思いでも、事業を大きくしていきたいという思いでもなく、ただ、「自分らしく働きたい」という思いから。そんな中、20代のうちは何でも成長と思い走り続けてきました。しかし、会社の数字ミッションに追われているうちに、自分がどっちに向かって成長しているのか分からなくなってしまったのです。

30代になったときに、女性であるからこそ、これから先、仕事にかけられる時間は限られている。30代からは自分が極めていきたい道に注力して、そこでパフォーマンスが出せるような働き方をしようと思いました。その頃には、自分がこの「キャリア支援」の分野に一生携わっていく覚悟も決まり、「もっとイキイキと働く人が増える社会にしたい」そんな思いや使命感と共に、独立を決意しました。

Stage 2

シェア

独立直後の様子は？

始めは自宅兼オフィスとして小さくスタート。スタート時は自分に何が出来るのか、どれだけの価値と対価になるのか分からず、いただいた仕事は何でも取り組みました。その上で分かったのは、フリーな立場で企業とのパイプを活かしていくスタイルが私には合っているということ。それからは、パートナー企業と組んで仕事をするフリーエージェントスタイルの働き方に変えました。オフィスもパートナー企業とシェアするスタイルで行なっています。

仕事仲間はどのような方々ですか？

フリーエージェントとしての働き方にしてからは、基本はシェアの精神。オフィスやなでしこ大學（女性のためのキャリア支援スクール）の教室、そこから発生する利益もシェアをしていく仕組みをパートナー企業とともにつくってきました。メンバーもすべて、プロとして立つフリーランスの方々で構成しています。優秀な女性たちが、結婚や出産を機に、フルタイムの固定時間で働く難しさと直面する。そこでプロとして立つ力のある人たちが、互いに自分の強みを生かしながら、自分のスタイルで仕事をする組織を構成しています。

1週間の仕事の流れを教えてください

独立してペースをつかんでからは、どの仕事にどれだけの力を割くかを自分で調整出来るようになっため、パワーバランスを見ながら仕事をしています。現在は、週の半分程はパートナー企業と組んで人材ビジネスの展開やパートナーメンバーとのミーティングなどに使っています。そのほかの日で、なでしこベンチャー大學の企画から運営まで、私立大学での「キャリア」の講義、個人のお客様から直接ご依頼頂くキャリアカウンセリング、企業の採用支援などを行なっています。

Stage 3

キャリア形成

今後やっていきたいことは?

10年間、就職支援の仕事をしてきた中でずっと思ってきたことの一つに、「今の働き方が変わっていく」ということがあります。疲弊して通勤ラッシュで通う働き方も、自分の強みを知らずに会社の意に沿うだけの働き方も、これからの時代には合っていない。これからは、自分らしく働き、それによって対価を得る働き方になると思うからこそ、そういった働き方が出来る仕組みを作っていきたいと思い、「新しい働き方」を伝えていきたいと考えています。私自身も、会社員を経験した後に独立し、やがてこのフリーエージェントスタイルの働き方に辿り着いたわけですが、今、この働き方の良さをとても実感しており、今後この働き方が広がっていくことを確信しています。そのた

月1回開催しているキャリア支援スクール『なでしこベンチャー大學』の講義。最近では男性の参加も多い

め、社員はおかず、皆が自分の足で立ち、それぞれの強みを生かしていけるフリーエージェントの組織を広げています。とくに優秀な女性たちが、「時間をお金」に換える働き方ではなく、「提供価値をお金」に変える働き方が出来るようにプロデュースしていきたいです。

課題は？

時代の流れが個人のキャリアの自立に流れているにもかかわらず、「自分でキャリアを創る」という意識を持っている人が少ないことです。男性は、嫌でも一生働いていかなければならないため、どこかで必ず「自分のキャリア」と向き合う時期があるのですが、女性は、キャリア形成という意識のないまま年を重ねてしまう人が多い。そのため、10代の義務教育の中でのキャリア教育推進や、親のキャリア教育への理解促進の必要性を感じています。

＜女性たちへのメッセージ＞

女性は今まで、「仕事」か「家庭」かという選択を迫られてきて、どちらかをあきらめてきた人も多かった。でも、これからの時代は、両方とも充実させることが出来る時代になる

面談ルーム。パートナー企業と一緒にプロデュースした白を基調にした面談ルーム

し、同時に、両方とも充実させることが社会のためにも必要になってくる。そのためには、20代にちゃんと力を付けておくことが大事で、出来るだけ早い時期から、自分の強みは何だろう、自分は何で価値を提供していけるのか、と考える習慣を大事にしてほしいと思います。

会社 DATA

社名	キャリアプランニング32
設立	2011年
事業内容	キャリア支援業務の企画・プロデュース、女性のためのキャリア支援スクールの企画・運営（なでしこベンチャー大學）、個人向けキャリアカウンセリング、組織向けキャリア支援・キャリアカウンセリング
連絡先	URL：https://profile.ne.jp/pf/careerplan32-yoko/ E-mail：careerplan32@gmail.com

最近の私と会社

この書籍が発行された2013年には、まだまだ浸透していなかった「フリーランス」や「副業」という仕事の仕方。この7年間で一気に加速し、「自分らしく働く」、「自らキャリアを創る」というテーマが身近な時代になりました。私自身は「自分らしく働きたい」という思いで独立してから、組織を大きくすることを目的とせず、「そのときそのときの思いと自分の出来ること」、そして「取り組みたいこと」を大事にしてきました。社員を抱えていない分、身軽だったことも良かったのだと思います。この7年間で、自分の事業だけでは限界を感じ組織の強みを生かせる大きな企業の会社員に戻った時期もあれば、妊活・出産などのライフイベントを経ることになり、仕事の量も時間も自分でコントロールするため独立し直した時期もありました。「キャリア支援」という事業の軸はぶらさず、仕事の仕方を柔軟に変化させてきた中で分かったのは、今の日本では「会社員」→「会社員」への転職は出来ても、「独立」⇔「会社員」の雇用形態を超えた転職は容易ではないということ。一方で、「ワークライフプラン」や「そのときの成し遂げたいこと」は雇用形態で縛られるものではないと思っています。

「雇用形態」を超えて仕事を自由に選べる社会にしたいという思いから、現在はその事業に取り組んでいます。『自分のやりたいことをベースに、仕事の仕方を変えていく』、そんな社会の実現に向けて現在も奔走しています。

株式会社ＡＣＴ３・代表取締役

堂薗 稚子

どうぞの・わかこ

43歳で起業！

リクルート在職 21 年（1992 年～ 2013 年）

■PROFILE 1992年入社、広告事業配属。ＨＲ領域ひと筋。99年マネジャー。就職ジャーナル・リクルートブックシリーズの企画系副編集長、営業組織長を経て第一子出産。05 年復職し、派遣スタッフ募集領域の営業リーダー、マネジャーを経験後、その事業責任者、カンパニーオフィサー、リクナビ派遣編集長を務める。10 年第二子出産、WM（ワーキングマザー）で構成された営業組織の立ち上げとマネジメント、事業部内ダイバシティ担当となる。

<著書など>『元・リクルート最強の母」の仕事も家庭も 100％の働き方』（角川書店）、『堂薗姐さんに聞け！キャリア女の人生講座』（東洋経済オンライン）

■ 私のスローガン 「仕事の報酬は仕事」「ワーク 100%、ライフ 100%で人生は２倍楽しくなる」

この２つは、立ち止まりそうになると必ず唱える言葉。仕事もプライベートもしんどいときこそ、別のことに逃げないで、そのことそのものを乗り越えることが大事。また、自分の時間を、仕事とプライベートでシェアするだけでは足して 100％にしかならない。両方、100％を目指してみれば、ずっと充実した人生になる。そう思える強さを持っていたいと思っている。

働く女性の背中を押し、彼女たちと企業をつなぐ仕事に意義を感じる毎日

Stage 1

営業組織

リクルートで、印象に残っている上司はいますか

最初の上司に、優れた社内の先輩100名と話をするようにリストを渡されて実行したのが思い出深いですね。その方たちとの出会いで多くのことを学び、支援していただきました。この上司には仕事での「絶景」を何度も見せてもらいました。

10年目のときに出会った上司には、マネジメントの師匠として原理原則を教えてもらいました。どんな人にも優れたところがあり、それを見つけて学ぶことの大事さを教わりました。リクルートでの出会いは、私の宝物です。

リクルートでの貴重な経験を教えてください

ＷＭ（ワーキングマザー）として復帰して無我夢中で仕事をしていたとき、１００億規模の事業部長に抜擢されたこと、ＷＭで構成された営業組織を立ち上げマネジメントしたこと。この２つは経験したことのある人がまだ少ない領域だと思います。試行錯誤で取り組む中で、自分なりの正解を探し続け、自分のブランドが形作られたように思っています。人とひと味違う経験が出来たことに感謝していますね。経験者が少ない領域でのミッションほど、辛く、刺激的で面白いものはありません。

リクルート時代の上司・先輩・後輩との関係も、とても貴重です。自分のことのように心配してくれ、仕事のヒントをもらうことも多いんです。その方たちが紹介してくださる人たちとの繋がりも大事にしています。仕事の機会だけを求めて異業種交流会に行かなくても済むくらい、幅広いという実感があります。一方で、仕事も年齢もまったく異なるＷＭ友だちから発展した友人は、心の支えになっています。全面的に肯定し応援してくれ、まるで職場メンバーのようで。何度も救われました。

Stage 2
人材力

独立の直接的なきっかけを教えてください

第２子出産後、ＷＭで構成された営業組織の立ち上げとマネジメントを担当。彼女たちが活かされていない現状と本来持っている成長意欲を見ながら、試行錯誤でマネジメントしました。ほかのメンバーと変わらずに高い要望をし、評価していくことの大事さ、支援の在り方や経営との握り方などを自分なりに体得した気がします。もっと経営にＷＭが経済合理性の高い人材であることを知らせたい気持ちが強くなりました。

具体的には、法人の経営を握りたいと思ったんです。「働きやすさ」の提供に腐心するのではなく、「働きがい」のある仕事、手加減されない仕事で、企業への貢献が出来ることを証明したいと思いました。事業責任者を担った経験から、人材の活躍を数値でみるクセがついていたので、それを活かして顧客ならではの数値目標を設定していきたいと。本質的な女性の活躍とは、女性が長く働くことだけではない、このことを証明したいと思っていました。

独立して改めて分かったことはありますか

チームで仕事をすることの素晴らしさを改めて痛感しています。ひとりでの仕事と比べようのないクオリティと規模、仲間の精神的な意味。いろいろと考えさせられますね。会社員時代にこれを知りえた経験に感謝しています。雇われずに自分で立つことの怖さ、値付けの悩ましさ、ひとりですべてをこなすしんどさなどと同時に、自分のペースで仕事をコツコツ作っていく醍醐味も感じることが出来ます。とくに、新旧の仲間に対する尊敬と感謝の気持ちは、独立したからこそ強く感じているものです。

Stage 3 背中を押す

独立してから最初の「危機」をどう乗り越えましたか

会社を辞めて4日後のことです。当時3歳の息子が、難病を発症しました。3か月入院をし、病院と自宅を1日2往復する毎日。起業の準備がまったく出来ずに焦り、仕事を諦めるべきか悩みました。しかし、すでに独立していた主人からの仕事や、小さな講演の仕事などを行なううちに、地道でいい、仕事も子どものことも両方大切にしたい、毎日、今日だけは何も諦めないと決めてやっていこう、と考えることが出来ました。今は感謝の気持ちで仕事が出来るようになったと思っています。

今は子どもたちとの生活も楽しんでいるんですね

はい。朝は7時前から小学生の娘と保育園に通う息子の送り出しの支度。息子を送って帰宅すると9時前。自分の支度をして10時から15時まで仕事をします。なるだけ娘の帰宅時に在宅するようにし、習い事と二次保育への送り出しとともに再び仕事。週に2，3回は二次保育で、20時30分にふたりを迎えに。22時に子どもたちを寝かせて家事をし、0時前くらいから1時間くらい仕事をします。あるいは子どもと一緒に寝て明け方起きたり、ですね。週1回ほど飲みにも行きます。主人と1時間程度飲むこともありますね。

これから取り組んでいきたいことは？

多くの女性ビジネスマンが活躍し、企業

自治体主催の講演。企業内講演では男性を含めた管理職対象で依頼されることが多い

の活動に経済合理性高く貢献出来るよう、彼女たちの背中を押し、企業とつなぐ仕事をしたいと考えています。

この女性活躍推進支援の領域は、課題も多様化していて、解決メソッドは1つではありません。企業の取り組みも様々ですし、女性自身の価値観も様々です。経営的には、サービスの方向を絞って仕組み化も検討していくべきではありますが、今は知見やケーススタディを蓄積する時期だと考え、多様なニーズに一つ一つオーダーメイドでお応えしています。近い将来、会社としての得意分野をきちんと確立出来るよう、今のうちにたくさんの仕事にトライしたいですね。リクルート時代は、担当ビジネスを大きく成長させることに力を注いできたので、今度は自分に出来る等身大のクオリティを大切にして価値を発揮していけたらいいなと考えています。そのためにも、私自身が成長し続けていきたいと強く思っています。

初めての著作「『元・リクルート最強の母』の仕事も家庭も100％の働き方」(KADOKAWA)

＜女性たちへのメッセージ＞

若手の頃の女性は大変能力が高く、成果も出すことが出来ます。ですが、それに甘んじてしまうと30代、40代ではしごを外されることも多いんです。その不安から、人生やキャリアを綿密に計画しがちですが、それよりはむしろひたむきに仕事に向かうことが次の機会を生み出すんじゃないかしら。

ライフイベントを含めて、多くの迷いがあると思いますが、「続ける」ことの価値も極めて重要です。自分たちを特別視せず、働き続けることで自分で立つ、そんな女性ビジネスマンの仲間が増えることを望んでいます。

会社 DATA

社　　名	株式会社 ACT3（アクトスリー）
設　　立	2013 年
資 本 金	500 万円
事業内容	法人を対象に女性活躍推進をテーマとした調査・インタビュー、コンサルティング、講師・講演、執筆、プロジェクトファシリテーション、メンター代行、広報物制作など
連 絡 先	〒 153-0051 東京都目黒区上目黒 1-26-1　中目黒アトラスタワー 3F URL：https://www.act-3.co.jp E-mail：info@act-3.co.jp

堂薗 稚子　(株) ACT３

最近の私と会社

会社といっても、スタッフを雇用せず、様々な専門家やパートナーさんと連携して仕事をするスタイルを続けているので、地味で孤独な毎日です（笑）。ここ1、2年は、女性活躍に留まらず、「性別役割分業意識の変容促進」「時短勤務者の生産性可視化」といった長期プロジェクトで、インタビューやツール制作、ワークショップ運営をする仕事も増えました。働く人を取り巻く環境の大きな変化、社会のうねりを肌で感じつつ、一方で、しみついた価値観や意識を変革する難しさも改めて痛感しています。これまでに、数百名の組織で働く人に、インタビューや面談などをする機会に恵まれました。そこで語られた様々な悩みや喜び、経験こそが、私と私の会社の資産です。一つだけだと、「人それぞれ」で片づけられてしまう個人の経験は、たくさん集めて括って言葉にしていくことで、きっと社会の知見に変えられると思います。それを共有出来れば、多くの人たちの不安を払拭したり、マネジメントに活かせたりするかもしれない。50歳になり、ライフワークを見つけられて幸せです。あと10年くらいで総まとめ出来るよう、インプットの質を上げることが目下の目標。実は、夫もリクルート出身で、起業しています。お互いの仕事には関わりませんが、仕事の話はよくします。刺激を受けてばかりでちょっと悔しいので、私の仕事の話で夫を唸らせるのも密かな目標です！

株式会社アネティ・代表取締役

仲村 明子

なかむら・あきこ

44歳で起業！

リクルート在職５年（1982年～1987年）

■ PROFILE　実践女子短期大学（英文科）卒。㈱リクルート在籍中は人事部に所属。退職後、日本語教師に転身。米・英・独をはじめとする欧米諸国、中・韓・台などのアジア諸国からの多数のビジネスパーソン、学生の日本語教育に携わる。その間、約３年半は韓国に滞在し、日本語学校の立ち上げやマネジメントも経験。その後、大手教育出版社、人材派遣会社を経て独立。人材派遣会社で経験した広報の仕事を天職と感じ、現在は人材・教育・医療・福祉の４分野を中心に広報ＰＲサービスを提供している。

<著書など>『月刊総務』（ナナ・コーポレート・コミュニケーション）※2013年5月号より「総務の引き出し」に隔月連載『月刊総務オンライン』https://www.g-soumu.com/ ※2012年5月よりコラム「総務から始める広報ＰＲ！」連載

■ 私のスローガン 「やりたいことは後回しにせず、とにかく始めてみる」　起業してから２度、入院・手術をして１ヵ月程度の療養をした。そこでつくづく健康でいることの大切さを認識した。普段、自分の人生はいつまでも続くような錯覚をしているが、ある日突然終わりを告げられる可能性もあるのだと自覚した。それ以来、仕事でもプライベートでもやりたいことは後回しにせず、とにかく始めてみることにしている。時間は限られていてなかなか思うようにならないが、後悔のない人生を送れるよう頑張りたい。

「仕事とプライベートの境目をつくらないことが人間関係を深め、ネットワークを広げる」

Stage 1

広報

リクルートでは人事の仕事が長かったのですね

入社後人事部に配属され、人事・給与担当に所属しながら、採用のピークには採用担当に派遣され、人事・給与のピークにまた戻るという、「年中ピーク」の日々を過ごしていました(笑)。在職中はほとんど会社に住み込んでいるような生活でしたね。このリクルートでの凝縮された数年間で、「仕事を投げ出さない」「常に、もっとよくすることを考える」「目標は必ず達成する」といった仕事の基本を叩き込まれたように思います。

その頃の上司はどんな方々でしたか

四六時中、時間を共有し、本音でぶつかり合った当時の上司や同僚とは、本当に家族のような絆が生まれたと思います。今でも仕事をご一緒したり、相談にのってもらったりという関係が続いているのはそのためでしょうね。ことあるごとに励ましてくださる入社時の指導役だった小野寺さん、今でも何かと相談にのっていただいている元上司の日向さん、研修講師の仕事でお世話になっている元同僚の籔内さん。リクルートで築いた人脈が、今の私の財産になっています。

5年でリクルートを離れ、人材派遣の会社に入ったのですね

退職後も教育や人事の仕事に携わっていましたが、30代後半に入社した人材派遣会社で初めて広報という仕事を経験し、たちまち魅力を感じました。その後も転職先で広報業務を兼務することがありましたが、どうしても本業の仕事が中心になりがちです。いつも、広報の仕事に集中出来たらと思っていました。独立する直前にも、知人が立ち上げたモバイルコンテンツの会社の役員として人事・広報を担当していたのですが、諸事情があってその会社を離れるときに、広報の仕事で独立しようと決心しました。

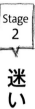

Stage 2

迷い

独立の準備はどんなことを?

独立を決めたのはいいのですが、正式に会社を設立するまでの数ヵ月は本当に広報の仕事でいいのかと何度も迷うことがありました。私には人事・採用系の仕事も経験がありましたから、そっちの分野で独立した方がいいのではないかという迷いでした。それで、名刺に自分が出来そうな仕事を書いて、いろいろなビジネス交流会で配ってみたんですね。そういう場所で他人に説明したり、知り合った会社に実際に提案したりしているうちに、自分に何が出来るか、何がやりたいのかが明確になっていきました。

初めてのお客様は覚えていますか

会社を設立した当座は、昔の上司や同僚、そして以前の勤務先からお仕事をいただくことが多かったですね。長く連絡をとっていなかったリクルートの元同僚が、「会社つくったんならこの仕事やってみる?」と声を掛けてくれたのは本当に嬉しかった。また、以前勤めていた会社に起業の挨拶に回ったところ、「ウチも広報に力を入れたいと思っていたんだ」と、すぐに3社からお仕事をいただきました。私の場合、転職が多かったことが逆に起業後にとてもプラスになったと思います。

独立して困ったことは?

一番悩んだのは、自分の仕事に対する「値付け」でしたね。会社に所属していたときは抵抗なく値段をつけていたのに、自分自身で会社を立ち上げ、そのサービスの対価を求めることになって、その難しさを初めて知りました。最初は自信がなく、ついつい「超特価」にしてしまい、値上げも出来ず困ったこともありました。最初からきちんと料金提示をし、その金額に見合ったサービスを提供出来るように努力すればいいのだと、つくづく反省しました。

Stage 3 ネットワーク

今、緊急の経営課題といったら何でしょうか

様々なソーシャルメディアやスマートフォン、タブレットなどのニューメディアが出現してきましたね。ここ数年で広報、PRの手法や範囲も大きく変わっています。昔ながらのやり方ではクライアント

様を満足させることが難しくなっている。従来の広報、PRの枠組みを超えて、多様な分野の人たちとコラボし、新たなサービスメニューを提供していく必要がある。元リクルートの方々とのネットワークも大いに活用していきたいと思います。

これからやりたいことは?

いくつか特定の分野で、専門性の高い、少数精鋭のプロフェッショナル集団をつくっていきたいですね。人材ビジネス業界、教育関連業界、医療・福祉業界など。教育や雇用、医療、介護は、「人」が生きていく上で誰にとっても大変重要な分野だと思います。企業理念でもある「誠実な仕事」をモットーに、こうした分野を掘り下げ、広報PR活動を行なうことで、社会にも貢献していきたい。もう一つあります。日本語教師時代に3年半ソウルに滞在し、韓国企業が運営する日本語学校のマネジメント

社内でクライアントに提案する広報PRの企画会議中

を担当していました。このご縁で、私は今でもソウルを第二の故郷のように感じています。日韓関係は歴史的な問題で難しい面も多々あるのですが、過去の経験を活かし、ビジネスもからめて何か両国を繋ぐことをしていきたいですね。同じ思いをもつ人たちとのネットワークが日韓に出来てきたので、その方々と協力して着実に実行していきたいと考えています。

最近、とくに勉強していることとかありますか

昨年から英語や韓国語を使う機会が出てきて、語学力不足を実感しています。もう少し時間に余裕があるときにもっと勉強しておけばよかったと後悔!ですね。でも、後悔しているだけでは前に進まないので、少しずつ勉強を始めることにしました。スマホアプリやインターネットを使ったバーチャルレッスンなど、勉強法も多様化して、

広報PRでクライアントを活性化させることをいつも全員で考えている

ちょっとした隙間時間に勉強出来るのがいい。ペラペラは無理でも、直接コミュニケーションがとれるスキルくらいは身に付けておきたいと思います。

独立すると、仕事とプライベートの両立が難しくありませんか

私はよく仕事で出会った方と楽しく食事をしたり、週末に出かけたりします。昔からの友人と仕事の情報交換もするし、もともと仕事とプライベートの境目はあまりないんですね。それが快適。それと、最近一番リフレッシュ出来るのは、半年ほど前から通い始めたテニスでしょうか。以前もやっていたので少しずつ思い出しながら上達していくのが楽しい。長い間ペーパードライバーだった運転も再開して、自分の運転で気軽にリゾートなどに行けるようになるのが直近の夢ですね。

会社 DATA

社名	株式会社アネティ
設立	2006年
資本金	1000万円
事業内容	広報PRサービス（広報活動サポート・代行、広報コンサルティング、リスクマネジメントコンサルティング）、研修サービス（広報・PR担当者研修、リスクマネジメント研修、ビジネスモラル研修、ビジネスマナー研修など）
従業員数	正社員4名＋アルバイト、提携パートナーなど、常に十数人で稼働中
連絡先	〒141-0031　東京都品川区西五反田8-1-8　中村屋ビル2F URL：https://www.anety.biz/ E-mail：nakamura@anety.biz

仲村 明子　(株)アネティ

最近の私と会社

この本の初版から7年が経ち、弊社も来年15周年を迎えます。会社とともに私も年齢を重ね、最近は自分の起こしたこの会社を、どうすれば次の世代に残せるかを考えるようになりました。と同時に、広報PRとは別の、新規事業も立ち上げたくなりました。本文でも、以前、日本語教師をしていたことに触れていますが、2019年に「特定技能」という新しい在留資格が設けられ今後ますます日本で働く外国人が増えることが見込まれることから、何か日本語教育に関連するビジネスが出来ないかと考えています。昨年から、やはりリクルート出身の方からの声掛けがきっかけで、外国人雇用協議会という一般社団法人 https://jaefn.or.jp/ にも入会し、外国人雇用や日本語教育業界の方々との接点も出来ました。ちょうどこの原稿を書いている2020年は、新型コロナの感染拡大で世界が大きく変わり、海外との行き来も当分は制限されることになりそうです。日本語教育ビジネスのスタートも少し先になりそうですが、準備期間が十分にとれるとプラスに考えています。ウィズコロナと呼ばれるこの時期、企業の規模にかかわらず経営者の力が試されていると感じます。私もこのピンチをチャンスに変えるべく、新たな発想でビジネスを継続出来るよう頑張りたいと思います。

株式会社メディアム・代表取締役

成田 恵子

なりた・けいこ

31歳で起業！

リクルート在職4年（1982～1986年）

■PROFILE 跡見学園短期大学（文科）卒。㈱リクルート入社後、新卒採用の制作部門である編集企画部に配属。企画商品の進行業務を担当した後、リクルートブックの制作進行業務を行なう部門に異動。そこでは社内提案制度である「RING」で、庶務の女性たちとチームを組み、原価管理の提案をして入賞。それがきっかけで企画室に異動し、原価管理システム「Ark-G」の立ち上げに参加。86年、退職後は俳優・中村敦夫の事務所で映像プロデューサーを務めるなどをへて、1993年、編集制作会社、㈱メディアムを設立。

■私のスローガン 「柳は緑、花は紅」 花は色とりどりに咲き、自然の営みにすべてをゆだね、あるがままに生きている。柳は柳らしく、花は花らしく、自然の理にのっとって生きるのがいちばんいい。これがいちばん難しいのよね～。**「仕事のご褒美は仕事」** リクルート時代に言われた言葉。よい仕事をすれば、また次にもっと大変な仕事がもらえる。一生懸命仕事をした後に、ご褒美は？なんて甘いことを考えていた私にとって、衝撃的な言葉だった。だけど、これぞ真理。

バブル崩壊ど真ん中の起業。事務所の開所式には溢れんばかりの人が集まったのに、仕事が来ない

Stage 1

遊び半分

新人時代、印象深いことは？

商社で秘書になるはずが、空き時間に遊び半分で受けたリクルート社に毎日呼び出され、あっという間に内定が決まってしまいました。後日、当時の人事担当役員の大沢さん（故大沢武志氏。のちに専務）から、「どうして採用されたと思う？」と聞かれ、答えられずにいたら、「君は宴会採用だよ」と教えてもらった。その言葉通り、毎晩いろいろな部署の方と飲み歩き、所属部門の忘年会ではバニーガールまでやらせていただきました♪　社内外の大勢の方に可愛がっていただき、今の仕事につながっています。大沢さんに感謝です！

入社してしばらくたった頃、私の校正ミスで某社の会社説明会用の案内ハガキを何十万枚も刷り直しする破目になりました。そのことを根本課長に報告したら、課長の目がキラリと光って電話をかけまくり、たちまち印刷会社の営業マン、紙問屋さんなどが駆けつけて、手際よく動いてくれた。今思うと、皆、水を得た魚のようにイキイキしていましたねえ。皆が慰めてくれたんですが、ただ一人、「甘やかすと、この子またやるわよ！」と先輩の岸さん。トイレで泣きながら、絶対にやるもんかと誓ったのを覚えています。そのひと言で校正に敏感になれたのですから。今でも岸さんには感謝しています。

在職は4年間だったのですね

結婚もしたかったし、河野栄子さん（元社長。当時広告事業部のトップ）に毎週プレして叱られるのもきつかったし（笑）、少し燃え尽きた感もあって辞めようと決めました。その反動で、退職後は9時5時の仕事に憧れてゴルフ場経営会社の社長秘書をやりました。そこで日本女子プロ開催を目のあたりにして、もっと仕事がしたくなり、俳優・中村敦夫さんの事務所で映像プロデューサーとして働くことに（思えば、これもリクルート時代のブレーンさんの紹介でした）。敦夫さんレギュラー番組終了を機に、全員解雇され、自分の意志とは関係なく独立することになりました。何かを成し遂げたいとか、何かのためといった確としたものは、何もないという情けない形の起業でしたね。

Stage 2 海外逃亡

独立すると聞いて周囲の反響はどうでしたか

なにしろバブル崩壊ど真ん中の起業ですからね。周囲も何が出来る会社なのか分からないけど、面白そうじゃないかと、事務所の開所式は狭いワンルームに溢れんばかりの人。この調子だと仕事もたくさん来そうだと思いきや、来たのは見積もり2件だけ。思い余ってリクルート時代の上司、坂本健さんに相談に行ったら、「百年の孤独」のボトルを入れてくれ、「会社の特色なんていらない。お前は『仕切れる』ことが売りだ。名刺に『代表取締役仕切り屋』って入れとけ」とアドバイスをくれました(笑)。

しばらくたつと、リクルートから仕事がどんどん来るようになりました。だけど、経営と実務、両方の忙しさが私に集中して自分だけが働いているようなササクレた気分になってきた。経営は「ヒト、モノ、カネ」といいますが、お給料の決め方(つまりヒトとカネ)にしても、ざっくり、「欲しい給料の倍の利益を出そう」と言っても誰もそんなこと出来ません。そういう悩みが積もりに積もって、2005年、一度メンバーを解散することにした。今思えば、これが最大の危機だったのかも。残ってくれた2人のメンバーとイチから会社を作り直し、ようやく風通しのいい組織が作れるようになって、現在に至るという(笑)。

一時逃亡したというのはその頃ですか(笑)

ずっと後。2009年、リーマンショックに耳目が侵されないよう1年間海外逃亡。しっかり者のメンバーが一致団結して仕事をしてくれたお蔭で、会社はちゃんと回っていた。経営者仲間に羨ましがられるが、みんな勇気がないだけじゃないかしら(笑)。

事務所は、いつも面白話、相談を抱えた突然の訪問客、頂き物のお菓子で溢れている

帰国後、以前よりメンバーやクライアント、一つ一つの仕事に感謝出来るようになれて、いいことづくめとなりました。女性ばかりのメンバーは、コミュニケーション能力が高く、前向きに仕事に取り組むおせっかいで明るい人ばかり。

パートナーにも恵まれたようですね

会社設立4年目に、関根快枝が経理担当として入社してくれました。これで宵越しの金は持たない主義（利益を経費で使い切るおバカ社長）から、税金を払って、ちゃんと現金を残す会社に生まれ変わりました。その後、彼女は制作の手伝いもするようになり、数字に弱く、情にもろい私に活を入れ、クライアントへのあふれる愛で仕事をブンブン回してくれていました。強烈に明るい個性で会社のムードメーカーであり、働くママのメンター的存在でしたね。残念ながら母親の介護と孫誕生で引退してしまいました。

Stage 3

奥さまは魔女

日頃、経営面で気をつけていることは？

創業以来27年、営業というものをしたことがない（ダメじゃん）。最初の頃はリクルートの編集や創刊関係の仕事をし、そこからまたご紹介をいただきながら、今日まで来ました。①納期を守る ②品質を

平成29年に行なわれた昭和57年入社組のリクルート同期会。紅白ベストテン形式で歌あり、笑いあり。遊ぶときも徹底してやるのが私たち

守る③プラスαの提案をするという3か条を守っていれば、自然に仕事は来るのではないかと、これを守れない規模の会社にはしないと決めています。数年前、これに④クライアントを大事にすること、を追加したのは、コミュニケーションをきちんととる力がすべてを癒すと考えるからです。

これからやりたいことって何でしょうか

一貫して働く女性、働きたい女性を応援出来る会社でありたいと思っています。リクルートの先輩、後輩や一緒に働く女性はいずれも優秀ですが、子育ての一点で仕事を諦めている人も少なくない。それがとてももったいないので、なんとか活用すべく10年前から細々と、「奥さまは魔女」プロジェクトに取り組んできました。

「奥様は魔女」ですか（笑）？

ドラマの「奥様は魔女」の主人公たちにあやかってのものです。今はもうあまり知っている人もいないのかな。このドラマの主人公たちのように、「家にいる奥様たちには、実はすごい能力があるんだよ」というメッセージを込めたネーミングです。このプロジェクトで働きたい優秀なママの活性化がもっともっと出来たらいいなと思っています。私のライフワークですね。「赤字決算になると税務署に呼び出されるかも」と眠れなかったオボコ社長でしたが（笑）、

開所20周年パーティーをヒカリエのレストランで開催。右は、大事な片腕だった関根快枝。通称リカちゃん

毎年毎年、ヒト、モノ、カネの問題に直面しながら、なんとかしているうちに気が付いたことがある。「会社経営は、人生修業」ということです。それをさせてもらいながら、給料をもらえるなんてこんなありがたいことはありません。社長業とは、クライアントの笑顔、メンバーの成長がご褒美ですね。孤独なのはいうまでもありません。カッコいい社長像なんて持てないけど、私なりの答えですね。

今後取り組むべき課題は？

メンバーの高齢化にともない、介護休職などの問題が近い将来出てきそうですね。子育てで思い切り働けず、次は介護で外に出られない……。そんなメンバーの新しい働き方や退職後のフォローなどに近々取り組むことになると思います。自分が第一線でいつまで働くのかもそろそろ考えなくちゃなあと思いつつ、先延ばしにしています。あと10年はやるとして、その先は？　75歳年金になったらどうする？　悩みつつ目の前の仕事を大事にという経営が当面は続きそうですね。

会社DATA

社　　名	株式会社メディアム
設　　立	1993年
資 本 金	1000万円
年間売上高	1億2500万円（2014年月現在）
従業員数	8名
事業内容	1）雑誌、会員誌、小冊子、書籍、ウェブサイト、イベント、映像などの企画立案、編集、取材、ライティングなどの制作全般　2）媒体の立ち上げ、それに伴う組織づくり、人探し　3）編集に関わる組織活性のためのリサーチ、コンサルなど　4）在宅女性のキャリアを活用したアウトソーシング請負業務。5）人材育成のための教育事業
連 絡 先	〒154-0023　東京都世田谷区若林1-6-6-205 URL：http://www.e-medium.co.jp/ E-mail：narita@e-medium.co.jp/

成田 恵子　(株)メディアム

最近の私と会社

令和元年に父が身まかり、仕事一辺倒だった自分の人生が劇的に変わりました。数十年ぶりに実家に戻り母と暮らしながら、仕事を続けていますが、24時間を自由に使え、いつでも戦闘態勢を取れた仕事スタイルを改め、朝早く出勤し、夕方には家で食事をするようになりました。自分が責任を持てる範囲が狭くなったこともあり仕事を絞り、メンバーも独立してもらって規模を半分にし、令和2年5月から再スタートしました。コロナという未曽有の環境が重なり、在宅ワークをしてみると今のメンバー3人が自宅にいながらも、自己管理をしながらしっかりと働いてくれます。ますます守るべき場所・家にいながら仕事をするようになりました。とはいえ逆に会社という、家ではない場と、メンバーがいてくれることのありがたさを改めて感じさせてくれる時間ともなりました。私は有事のときに思い出されるキャラなのでしょうか。このコロナ下で新しい仕事も増え、目の前にある仕事に感謝しながら、丁寧に取り組もうとみんなで声をかけ合いながら、頑張っています。あと何年、続けられるかまったく分かりませんが、知恵を絞り、汗をかき、クライアントに「ありがとう」と言われる会社でありたいと思っています。

株式会社エナジースイッチ・代表取締役

平川 明日香

ひらかわ・あすか

33歳で
起業！

リクルート在職４年３ヵ月（1997年～2001年）

■ PROFILE 関西大学（社会学部）卒。1997年に㈱リクルートスタッフィングに入社。人材派遣の導入を中心に人材斡旋、アウトソーシングの提案･営業に従事。トップセールスとして何度も表彰される。2001年に同社を退職。㈱ウェイヴインターナショナルにプランナーとして入社し、CI、VIに関わる企画やコンセプトワーク、ディレクションなどを担当。その後、㈱イコアインキュベーションでは、マネジャーとして、大手・一部上場企業を対象に、選抜・階層別・目的型研修などの営業、コンテンツ企画設計、マテリアル開発や運営などカスタマイズ研修の全体をコーディネート。自ら新規で開拓したクライアントとの商売を大きく広げる。そして2008年に独立し、㈱エナジースイッチを設立、現在に至る。営業が得意で、顧客やトレーナーとの関係構築を前提にスピーディな仕事運びが持ち味。また、人材ビジネスの経験が長く、人と組織の関係性、組織における人間行動を把握する勘とセンスには自信がある。

■ 私のスローガン 「負けに偶然の負けなし」「賢者は愚者に学び、愚者は賢者に学ばず」「俺が俺がの我を捨てて、おかげおかげの下で生きる」 出来ていないから戒めにしているんですけどね。

営業先のお客様に独立をすすめられ、怒涛の数週間で急ごしらえで会社を設立した

Stage 1

ロープレ

リクルート入社当時の思い出は？

入社後、全社MVPを受けた課に配属されました。しかし課内は非常に忙しく、新人の私はほぼ放置ぎみにされていました。そこで私は、毎朝始業1時間前に先輩を一人ずつ呼び出し、ロープレを依頼。そのうち何かお返しをと思い、それぞれの特徴を記載したレポートを作成し、全員に配布。すると支社内のナレッジマネジメントになると大好評で、次第に我先にとロープレ相手をしてくれるようになりました。ときには始発に近い出社で、コーヒーや郵便など、毎朝オフィスをスタンバイ。今でも、史上一番可愛がられた新人だったのではと思っています（笑）。

印象深い上司はいましたか

初めての上司が今でも私のナンバーワン上司です。形容しつくせないのですが、一つだけエピソードをご披露しますね。頑張りすぎて空回りするタイプだった私がクレームを引き起こし、その報告をしたときの第一声が、「明日香をいらないというお客さんはうちもいらないから」と。悔しさと申し訳なさを堪えながら報告したけど、その後トイレで泣きました。私のことを全部分かっていて、枠外にまで書き溢れた彼女との日報、いえ、交換日記は今も大切に持っています。

独立するきっかけとなった出来事は?

リクルート退職後も人材ビジネスに携わっていましたが、当時在籍していた会社が政情不安に陥り、おじさんたちが経営権を巡って争い出したのを目の当たりに。〝言っていることとやっていること〟が異なるのがとても苦手で、お客様に話していることが紺屋の白袴も甚だしく、恥ずかしくなりました。もう辞めようかと転職活動をしていたのですが、なかなか自分のこだわりを満たす会社との出会いがなく、そんなとき、当時のお客様の一人が、「うちは平川さん自身に頼みたいと思っているんですよ。独立なさったら?」とおっしゃってくださったのです。それが独立するきっかけとなりました。

起業までは怒涛の日々だったとか?

起業を志したことなどそれまで一度もなく、この仕事を顧客に誠実に続けるためには独立しかなかったというのが正直なところ。お客様に独立を勧められたときに思わず、「今、登記しています」と口走ってしまい、その帰りに「会社のつくり方」みたいなマメ本を購入。とはいえ、どうしたらいいか分からず、周囲から「まずは社名を考えろ」「判子はここでつくるといい」だの助言され、まさに手探りで、怒涛の数週間での急ごしらえでした。

Stage 2

修業

事務所開き当日はどんな様子でしたか

事務所も、知人を通じて紹介してもらい決めました。直前、設立挨拶の葉書を、これも友人に頼んでデザインから投函までやってもらったところ、設立当日にものすごい量の蘭や電報などのお祝いが届いたのです。起業家が集まるオフィスだけど「こんなにたくさんのお祝いを貰った人は初めてですよ」と言われました。

独立後、最初の仕事は?

私に独立を勧めてくださったお客様からのお仕事が、独立後最初の受注案件です。私が「登記している」と口走ったとき、「じゃあ良かった、この案件は平川さんにやってもらえますね」とその場でおっしゃってくださいました。なので、当社は先に注文があって、そのための受け皿としての会社をつくったのが実情で、設立の月に請求書を発行しています。後で思えば、大手金融会社であり、社内の稟議など相当大変だったのではないかと。このことへの感謝は絶対に忘れないと思っています。そして今では、そのお客様は、尊敬する大切な親友となっています。

現在の主な取引先は?

当社の最初の印象で指摘される点は主に二つ。

1. 取引先が一流

2. トレーナーが著名

この2点のおかげで、こんなゴマ粒みたいな会社ですが、超大手企業のコア人材の育成を任せてもらえているんだと思います。つまり、お客様やトレーナーが営業を助けてくれているんですね。あと、狙ったわけではないのですが、金融業界が得意で、とくに「クレジットカード会社」の社員研修実績は、業界内でおそらくダントツナンバー1だと思います。

今後取り組むべき経営課題はありますか

経営をしていて突き当たる壁は、結局のところ、常に自分自身です。私の器、人間性、怖いほどすべてそこに起因していることに直面させられるんです。売上げ規模、採用、ビジネスモデルなど、課題は様々ありますが、その本質は、自分が成長することですね。それも、以前はMBAや会計知識のようなビジネススキルの不足を課題に思っていましたが、今は、むしろ「人間」の部分なのだろうと思っています。経営って、修行のような面があるんですよね。

メンバーも増え、オフィスも広くなり、賑やかになりました。会社も12歳になり、楽しいです！

Stage 3

案ずるより

仕事とプライベートの両立は出来ていますか

正直、今は全然両立出来てないですね。仕事どっぷりで、プライベートな人間関係も薄くなってきている感があります。でも、それも仕方がないと思っています。私は、計画的に能力を蓄えて起業したわけではないから、自分の時間を投資するしかキャッチアップする方法を見つけられない。そしてそれはさほどつらいことでもなく、某社の「仕事が楽しいと、人生は楽しい」というコピーに共感して、自分は恵まれてるなあ、としみじみ思ったりもしています。

10年後、20年後の夢は？

最後にこんなこと言って恐縮ですが、いつか保育士の資格を取って、乳幼児の育成に携わっていきたい。無類の子ども

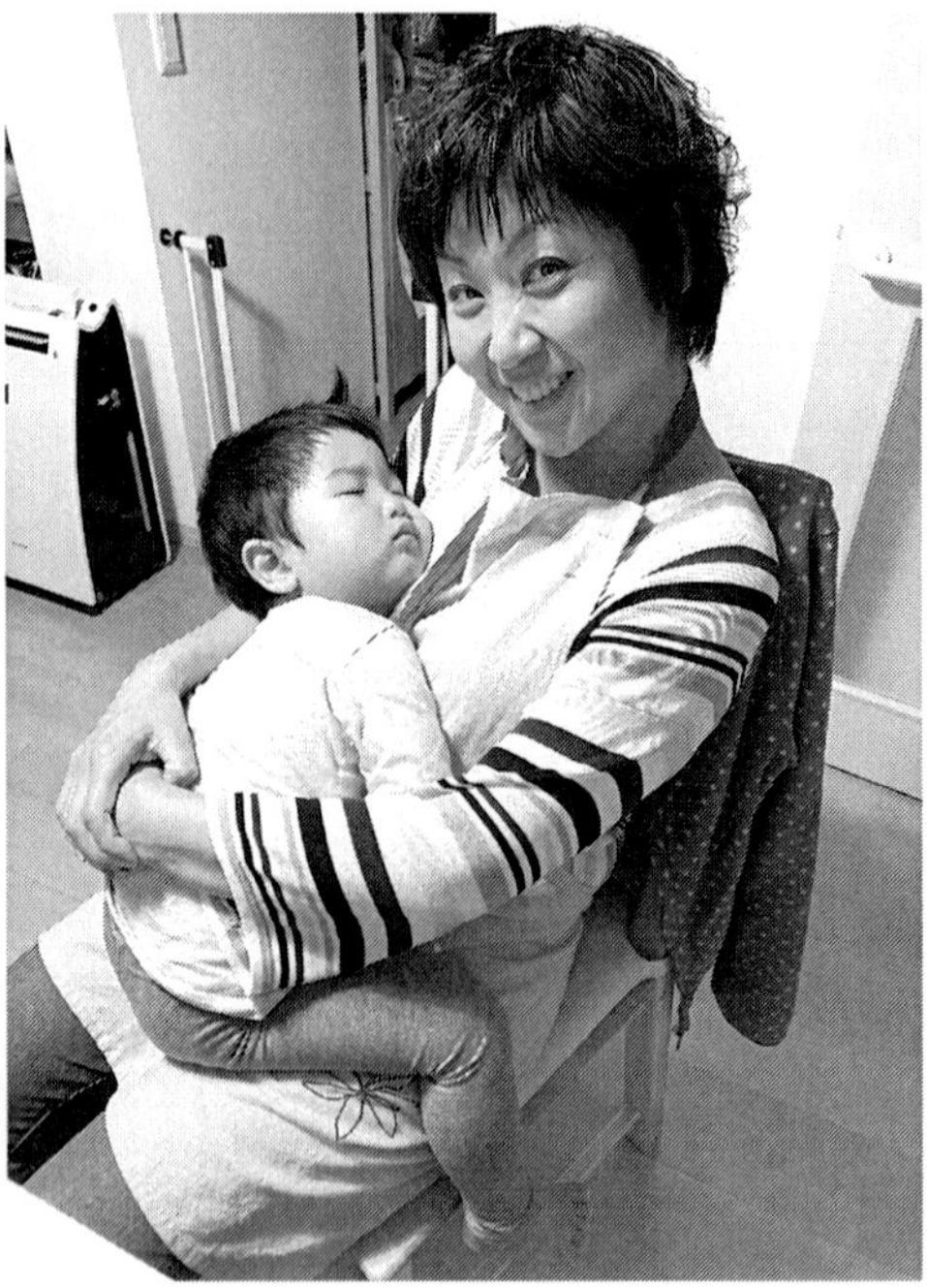

これまでもかなり忙しい部類の人間と思ってましたが、子育てはそれを超えます。それでも、子どもは宝、かけがえのない存在です

好きにも関わらず、子育てを出来ていないことが、人生の大きな落し物のような気がしてならないのです。近所のワーキングマザーの子どもを預かる保育ママとか、孤児や施設の子どもを引き取るなど、その夢に向けて資格取得などしたいと思っています。そのためにも、エナジースイッチは、私がプレイヤーとして関わらなくても成り立つようにしていきたいです。

＜女性たちへのメッセージ＞

女性だから、ということを意識することは、仕事で女性対象のダイバシティを企画するときぐらいで、私自身はほとんどないのですが。この本の読者層は「キャリア」の興味アンテナで読んでいるのかな。だったら、一言アドバイス出来るとしたら、やらずに後悔するよりやって後悔する方が良いんじゃないかということ。キャリアって、本当に、案ずるより産むが易しなんだと、自分自身が立証してそう思います。あ、当社も人材募集中です！

会社 DATA

社名	株式会社エナジースイッチ
設立	2008 年
資本金	1000 万円
事業内容	人材開発・組織活性化・人事組織コンサルティング。主に、一部上場・大手企業を対象に、階層別・昇格者・選抜などの企業内研修をカスタマイズで提供
従業員数	10 名
連絡先	101-0054 東京都千代田区神田錦町 3-15　名鉄不動産竹橋ビル URL：https://www.energyswitch-inc.com E-mail：info@energyswitch-inc.com

平川 明日香　(株)エナジースイッチ

最近の私と会社

保育士の資格を取りました！　組織化が進み、少し私の手を離れた2016年、通信教育を申し込みました。結局、なかなか勉強の時間を確保出来ず一度も課題を提出することなく試験本番を迎えましたが……奇跡の合格を果たしました。そして、試験を受けると決めたあと、こちらも奇跡の妊娠をしました。なので、保育士試験一次はつわりを堪えながら、二次は出産直後で搾乳機を携え、というような受験でした。また、その後もいろいろあり。今は、とってもわんぱくな男児を育てるシングルマザーです。私個人は、セカンドキャリアの保育の仕事に向けて、歩んでおります！　また、会社の方は、先般のコロナ禍の影響を受け、今はチャレンジの連続です。私は昔のように24時間365日の企業戦士とはいかないものの、そこはメンバーに助けられ組織の力で乗り越えようと、オンライン研修の開発など、環境適応のソリューションの提供に向けて、頑張っております。当時も自分はすっごく忙しいと思っていましたが、今振り返れば、自分のことだけやっていれば良かったあの頃はなんて時間に余裕があったんだ……というような状況ですが、保育士シングルマザー社長は、楽しく元気です(^^)

長谷川正和税理士事務所（現在、前山奈津子は長谷川正和税理士事務所の所属税理士として在籍／株式会社オペレーション）

前山 奈津子

まえやま・なつこ

39歳で起業！

リクルート在職3年半（1988年～1991年）

■ PROFILE 横浜市立大学（商学部経営学科）卒。税理士・株式上場・内部統制コンサルタント。学生時代に㈱リクルートで内定者インターンとして新卒採用に関わり、入社後は新卒学生向けの採用サービスを扱う広告事業部・事業推進部読者企画課に所属。学生読者へのリクルートブックの利用促進や就職活動動向のリサーチを担当した。在籍３年半だったが、様々な仕事を担当させていただき、大学主催の就職ガイダンスでの講師を務めたり、俳優を使った学生向け就職活動ビデオを制作し、自ら出演したりと、緊張感もありながら楽しい日々を送った。

<著書など>『月刊経理ウーマン』ほか税理士情報誌への連載執筆

■ 私のスローガン 「無理をせず、自然な流れに任せることも忘れずにいたい」と思っています。私たちの仕事は相手が理解して自らの意思で動いていただかなくてはならない仕事ですが、「そのとき」に理解していただくことが出来ず残念に思っていると、しばらくして分かってくださり感謝されることもあります。とくに経営者は無理に説得しても納得しなければ動きません(笑)。そんなとき、半歩下がってときを待つことも大切ですね。

「どんな仕事をするか」と同じくらい、「誰と仕事をするか」は大きい要素

Stage 1

刺激

リクルートではどんな仕事を？

学生時代に内定者インターンとして新卒採用に関わったのがご縁でリクルートに入りました。入社後は学生向けのリクルートブックを扱う広告事業部で、学生読者への利用促進や就職活動動向のリサーチを担当しました。学生の読者を集めて、利用を促進するために就職イベントを企画・開催したり、ドラマ仕立ての映像を制作したりと、忙しいながらも変化のある充実した毎日でした。

先輩や上司はどんな人たちでしたか

とっても個性豊かな先輩方に囲まれて、それだけでも刺激的な毎日でした。皆さん前向きで、一見明るく楽しみながら仕事をしているような雰囲気に見えるものの、それは真剣で厳しさもひとしおでした。

とくに入社時に指導していただいた2年先輩の女性には、「仕事の何たるか」を徹底的に教わったことが今にも通じる一生の財産になっています。のちに角川書店の社長になられた福田峰夫さん、ＩＭＪの社長になられた樫野孝人さんには同じ部署でお世話になりました。

なぜ独立を？

リクルートでの勤務は3年半という短い期間でしたが、社会人として仕事をしていく基本をしっかり教わりました。幅広い業務を経験したわけではありませんが、「仕事とはこうやってやるものなんだ」ということをしっかり認識することが出来たと思っています。これから歩む長い時間を何らかのスペシャリストとして社会に関わっていきたいと考え、学生時代から勉強していた税理士の資格取得に再チャレンジすることにしました。

Stage 2 職人気質

独立にあたってはどんな準備を？

リクルートを退職後すぐに独立したわけではありません。税理士として都内の大型税理士事務所に8年ほど勤務しました。

そこは税理士事務所によくみられる職人気質の専門家集団、人間関係も閉鎖的でリクルートとは正反対の世界でした。幸いなことに所長先生の理解もあり、事務所マネジメントの改善、業務の「見える化」、品質の標準化、新規事業の立ち上げと一通りの「事務所改革」を任せていただき、これをなしとげた後、ＩＰＯサポートを柱にした税理士事務所をパートナーと新たに立ち上げました。

開業後は順調だったのでしょうか

仕事ぶりを見ていた周囲の関係者の方々からお客様のご紹介をいただくなど、開業時から多くの方との出会いに恵まれ、順調なスタートをすることが出来ました。現在は税理士事務所の同僚でもあった税理士の長谷川正和さんと共同で税理士事務所・コンサルティング会社を運営しています。それぞれの得意分野、コミュニケーションのとり方など異なるところもあるのですが、一方の認識がかたよっているときにはもう一方がうまく軌道修正したりと、振り返ればこれでいい方向に進んできたのだと思います。互いにリスペクトし、学ぶ、よいパートナー関係を築けています。「どんな仕事をするか」と同じくらい「誰と仕事をするか」ということはとても大きい要素だと実感しています。

一般の税理士や経営コンサルタントは会社勤務を経験せず、はじめから専門家として仕事をしている人が多いものです。私自身はリクルートの出身ですが、パートナーの長谷川さんは東京海上火災保険（当時）で営業と人事採用を経験された方、ともに事業会社に勤務した実体験は、単に「助言、指導する」という枠を超えて「常に現場実務に着眼し、課題を解決する」という姿勢につながっています。「オペレーション」の社名もこのような想いから付けたものですが、何よりもこうした姿勢が「強み」として評価いただいています。その長谷川さんは、東京海上の採用担当として同社で初めて『就職ジャーナル』への連載広告を提案し、社内稟議を上げるとともに自身で掲載原稿を起案されていた方です。不思議な縁を感じます。

ところでお客様の開拓はどのようにしているのでしょうか

営業専任の担当者は置いていません。少数ながら一人ひとりは実務経験の豊富な精鋭メンバーなので、ありがたいことに客先での仕事からまた新たなお客様の輪が広がっています。そういう意味では全員が営業兼務ですね（笑）。お客様からのご紹介もありますが、客先に訪問されている証券会社や監査法人、ベンチャーキャピタルからご紹介をいただくことも少なくありません。リーマンショックからしばらくの間、ＩＰＯを目指す企業は激減し、なかには廃業される同業者もありましたが、私たちはそこまで深刻なことにはならず着実にお客様を増やすことが出来ました。あとから振り返ると、あの数年間は私たちが考えていた以上に厳しい経営環境だったようです（笑）。人のご縁に心から感謝しています。

Stage 3 税理士業界

これからのビジネスの展望は？

税理士業界も競争が激しく、新規のお客様を増やしていくのはけっしてやさしいことではありません。最近は「記帳代行」サービスをアピールする税理士が増えていますが、まず私たちはしっかりとした「月次決算」を通じて計画的に「黒字決算」を目指すようアドバイスしています。株式市況も活発になり、昨年くらいからＩＰＯを目指すベンチャー企業が増えておりチャンスだと捉えています。ＩＰＯのためのサービスラインをしっかりと整えてきましたので、創業まもないベンチャー企業からＩＰＯ審査に臨むお客様までしっかりサポートさせていただきます。こうしたノウハウをもつ税理士はまだまだ少ないと思いますね。

お客様に同行して海外子会社にうかがうことも。韓国の子会社で販売管理システムの説明を受け ているところ

困っていること、経営課題は？

税務の仕事は、経験すればするほど深さとその先の難しさにぶつかり、「まだまだ」と感じることもあります。税務調査では税務当局の見解とぶつかり、議論をたたかわせるような場面にも直面します。税法や会社法などの専門知識を駆使して主張を重ね、こちらの主張が認められたときは本当に嬉しいですね。こうして実務を通じて身に着けたことが、次のお客様での仕事で役に立ったときなどは経験の積み重ねの大きさを感じます。これからも勉強は続けていきたいと思っています。

このように長年の経験から積み上げてきたノウハウをどのように若手スタッフに伝えていくべきかを試行錯誤してきましたが、約半年前に大手監査法人を退職した女性公認会計士を社員として迎え、一つの方向が見えたように思います。資格者であり、実務経験も豊富でありながら、仕事と家庭の両立が難しく職を離れた女性に活躍の場を提供し、各々の経験と得意分野を活かしながらも、女性が働きやすい新たな事務所経営のスタイルをつくっていきたいと考えています。

上場会社管理部門でのセミナー開催後の懇親会 にて

〈女性たちへのメッセージ〉

最近は起業された女性社長、あるいはベンチャー企業の女性経営幹部も増えていて嬉しく思っています。女性ならではの感性やきめ細やかさ、気づきは大きな可能性を秘めています。ただ家事や育児、介護などとの両立も考えていかねばなりません。私自身は現在、受験を控えた子どもを見守りながら仕事をしていますが、私のこれまでの経験もこれからビジネスにチャレンジしようという女性のお役に立てれば嬉しいです。

会社 DATA

社　　名	長谷川正和税理士事務所（前山奈津子は現在長谷川正和税理士事務所の所属税理士として在籍／株式会社オペレーション
設　　立	税理士登録 1997 年、税理士独立開業 2005 年、コンサルティング会社設立 2007 年
従業員数	8人
事業内容	税理士業務全般のほか、ベンチャー企業の創業から株式上場(IPO)、内部統制整備をサポート、中小企業向けには経理サポートや給与計算、各種管理システムの導入。最近は企業研修として営業担当者を対象にした「会計力」研修の開催。
連 絡 先	〒103-0026　東京都中央区日本橋兜町 16-2　MIC ビル 2F URL：http://www.operation-ipo.com/ E-mail：maeyama@operation-ipo.com

最近の私と会社

前回の取材当時は前山奈津子税理士事務所として独立しておりましたが、現在は、当時のパートナー税理士でもある長谷川正和税理士事務所の所属税理士として変わらず仕事をしております。私どもの事務所は、ベンチャー企業の成長支援、株式上場（IPO）支援を得意とし、ほかにないハンズオンサポートを提供する税理士事務所として東京都中央区日本橋に立ち上げ、10年強が経ちました。おかげ様で現在は、顧問先様から毎年数社がIPOを達成され、監査法人や証券会社はじめベンチャーキャピタルなどの投資家からもお客様のご紹介をいただくとともに、こうしたパートナーと連携して、お客様とともに前進しております。

私自身は、組織管理体制の整備支援や内部監査、内部統制支援を通じ、組織運営の基礎となる仕組みづくりとそれを担う社員の育成に関わっています。日々のシーンではリクルートで学んだ仕事に対する姿勢や考え方の大切さを自身の言葉にして若い方々に伝えています。

株式会社オフィスリテラシステム・代表取締役社長

まきの まき

31歳で起業！

リクルート在職 11 年（1991 年〜 2002 年）

■ PROFILE 1991 年、㈱リクルートコスモス入社。1992 年、㈱リクルート入社。西日本ネットワークインテグレーション部マーケティング企画課、営業企画課に所属。その後、㈱リクルートスタッフィング出向、関西 IT 開発部所属。㈱リクルート・関西メディア制作局。

■ 私のスローガン 「自ら機会を創り出し、機会によって自らを変えよ」 リクルート創業者の江副浩正さんの言葉です。やはりこれが DNA に刻まれていると思います。今までピンチもあったと思います。でも一つもピンチだと思ったことがありません。まさにチャンス。その与えられた機会をチャンスに変え楽しむことを自然に出来ています。自らがチャンスを造り困難とともに成長出来る、いつもそう考えています。

「リクルートを出ても自分は通用するのか。20代で自分を棚卸して、得意なことに集中」

Stage 1

いつ仕事してる？

リクルートはどんな会社でしたか

営業が社内で社内業務に時間を費やさなければならない、そういうことは営業を支えるスタッフとして許せないと思う会社でした。ムダ・ダブリを無くす、現状の業務を属人的から定例業務に仕事をデザインし再設計する、マニュアル化、教育・移行、新たなモノを創出する、そういう流れが習慣化しており、常にこの繰り返しでした。環境に恵まれたこともあり、実際に現場の業務を「Access で業務改善」することで、それは身に付き自分のものになったと思っています。

上司もほかの会社とちょっと違う感じだったんですね

こんなこと言うと怒られるかもしれませんが（笑）、優秀な方ほど「いつ仕事してるの？」って思ってました（笑）。趣味やスポーツ、お酒の話などしょっちゅう遊びの話をしているなあと……。息抜きや仕事のオン・オフがうまいなと思います。新人の頃は仕事を覚えるのが必死なので余計にそう感じていましたね。独立して今ではそのときの先輩や上司のようにオン・オフがうまくなったと思います。

この時期に独立しよう、というのは考えていたんですか

やはり「30歳」がターニングポイント。20代で会社の中でやってきたことを棚卸して、自分の「得意なこと」に着目しました。Access の知識と経験、これはリクルートから外に出ても通用するのか？ リクルート内でも部門間異動はあったので、慣れてきた頃にまた新しい環境に放り込まれる（笑） それと同じ感覚でやってみたらうまくいきました。Access をやるきっかけになったのも、同じチームになった先輩から「これからはデータベースをやるべき！」ってアドバイスをいただきました。今はこの言葉に感謝しかありません。

でも実は、リクルートを退職して1年くらいは遊んでいたんです。いざ仕事をしよう！と転職を考えたのですが、なかなか条件が合わず……。ある会社から「正社員」じゃなくAccess「業務改善プロジェクト」としての契約はどうですか?と言われたのがきっかけ。正社員のように毎日出社せず1週間に3日程度。残りの2日ほどをどうしようかと考えていたら同じような会社がほかにもあり、独立という形になったんです。

Stage 2 素敵な事務所

事務所が素敵で感激しました

事務所の空間にはこだわりました！　居心地よく仕事が出来ると生産性も高まります。北欧のファブリックに囲まれシェードやファブリックボードを統一。ネスプレッソでカプチーノをつくったり、ソーダストリュームで出来たて炭酸水を作って飲んだり。アロマディフューザーで香りも楽しみます。時々「雑貨屋」か「美容室」と間違えてドアをコンコンとされる方もいらっしゃいます（笑）。

こだわりの事務所

普段、一緒にお仕事をされるのは社外の方ですか？

はい。会社として所属しているのは私一人です。大きな案件はプロジェクトを立ち上げ優秀なメンバーと組んでいます。病院の電子カルテシステムの開発は6名のチームで開発を行なっています。

たとえば、宮崎県の病院様の「電子カルテシステム」は、「受付→診療記録（電子カルテ）→オーダリング→透析病棟→入院病棟→会計」のシステム化に取り組んでいます。今後も、医療系のシステム化も手掛けていく予定です。プロジェクトをチームで進めることでより大きな開発案件を受ける体制が出来ました。私自身も「インディペンデントコントラクター」（専門性の高い独立・自立したプロフェッショナル）として活動をしています。

Stage 3 プロジェクト

日々、忙しそうですね。毎日どんな感じで業務を進めていますか

複数のプロジェクトを並行して進めているので、まずは一日のタスク確認です。やることを把握・整理するところから始めます。ほぼメールでのやりとりなのでしっかりメールを返信。プロジェクトの課題はMicrosoftのTeamsやZohoなどのクラウドツールを使って、お客様と情報共有をしています。プログラムを書くときは時間を決めて集中して対応。お客様との打ち合わせで外出するときは外に出てやることに集中。事務所内か外出かで1日の業務内容を切り分けています。

今後の課題を教えてください

事業を進めると案件は増えるいっぽうです。最初は一人でもお受け出来るボリュームでしたが、今ではチームとして案件を受けるものと分けています。

＜女性たちへのメッセージ＞

20代のときにどれだけ仕事の基本が身に付くかだと思います。「これって意味あるの?」なんて思う雑用でも、どうしたらもっと改善出来るか、どうやったらおもしろくなるか考えながら出来るようになるまでとことんやることです。10年くらいやるとしっかり自分に身についています。

オフィスと私

まきの まき　（株）オフィスリテラシステム

最近の私と会社

当初、個人事業主から設立して16年になります。２０２０年はMicrosoftのバージョンアップも重なり、起業した当初に開発した案件の大規模改修を複数予定しています。機能追加をしながら、10年以上、ACCESSを使っていただいていることに感謝の思いでいっぱいです。同時にこんなにも長く使っていただいていることが自信にも繋がります。なかには、大規模改修を行なうにあたって、大手のシステムも含め再検討をしたうえで「まきのまきさんにお願いしたい」とおっしゃっていただきました。パッケージシステムにはない、その会社の業務に添った業務システムを構築していることが強みということです。

既存のお客様と長くお付き合いをして、新規のお客様も増え、日々業務に追われる毎日ですが、この16年の間に志を共に出来るチームパートナーとも出会え、助けていただきながら案件をこなしています。今は会社を大きくすることより、インディペンデントコントラクター（専門性の高い、独立・自立したプロフェッショナル）として、「営業→ご要望をヒアリング→システム開発→納品→フォロー」すべてにおいて「私が私をプロデュースする」ことがワクワクする喜びで仕事の源泉となっています。

会社 DATA

社　　名	株式会社オフィスリテラシステム
設　　立	2004年　2011年12月法人化
事業内容	◇Accessで業務改善　◇お客様のニーズに合わせたオリジナルシステムをご提供♪　◇Accessセミナー　◇定例セミナー、マンツーマンセミナー開催中♪
連 絡 先	〒537-0014　大阪市東成区大今里西1-18-13 URL：http://office-litera.com/index.html E-mail：mail@office-litera.com

有限会社ファカルティワークス・CEO ／ Artist

みたけ さやか

32歳で起業！

リクルート在職５年半（1996年〜2001年）

■ PROFILE 多摩美術大学デザイン科グラフィックデザイン専攻・卒。24歳で㈱リクルート入社。ディレクター・ライター・デザイナー・イラストレーターとして活動。その後、㈱メディアファクトリーに出向。30歳までに個展を開くという夢も叶えた。2004年、㈲ファカルティワークス設立。体調を崩し入院したが、これをきっかけにアクセサリーの制作を再開。展示会への出店、個展の開催をしつつ、オリジナルメソッド「クリスタルを感じるワークショップ」の講師としても活動している。『TheHUFFINGTONPOSTJapan』（朝日新聞社）公式ブロガー。http://www.huffingtonpost.jp/sayaka-mitake/

■ 私のスローガン 「みんなが、幸せになっていい」 「大切な人」が「笑顔」だったら？ シンプルにうれしいなと思います。でも、自分は？ 私は「みんな幸せになっていい」と思ってきました。半ば犠牲的に誰かの笑顔に貢献するのも良いけれど、出来れば自分自身も幸せに取り組めることを精一杯やって、心底笑顔でいたい。そのとき自分を大事に想ってくれる人は、それを喜んでくれる。そして、心から愛してやった何かを欲しいと思ってくれる人がいて、ありがとうの連鎖が起る。そんな社会を作りたいです。

「個人事業主時代に年商2000万を達成。第2創業期の今思うのは、優しい未来のありかた」

Stage 1

入社式

リクルート入社を目指したきっかけは？

広告代理店を目指しましたが、就職活動で全滅。その当時、クリエイションギャラリーG8、ガーディアンガーデンを立ち上げていらっしゃった大迫修三さんを思い出し、リクルートっていう会社があったな、あの人面白かったから受けてみよう！と思いました。また、大学に入ってからはインターネットにグラフィックデザイナーの将来的なニーズを感じており、そのインターネットへの興味は、リクルートでの方が実現出来るのではないか？とも考えたのです。

入社前に思い描いていたような会社でしたか

いいえ（笑）。営業研修が一番記憶に残っています。最初はロールプレイングが嫌で、泣いてトイレへ逃げ込んだり、名刺獲得キャンペーン（飛び込み営業）も嫌で、毎朝、青山ツインタワービルのトイレで泣いていました。ただ、獲得した名刺で営業を開始した際に、自分流の効率良いやり方を教育担当の方に相談したところ、「やってみろ」と言ってもらえて、結果が出せたのは大きかったです。3カ月後には営業を楽しんでいる自分に気がついて、財産をいただいたと感じました。

その頃、もう独立について意識していたのでしょうか

独立することについては、入社時から何となくイメージしていました。入社式の際に、社長からの「リクルートで勤め上げようと思っている人は手を上げてもらえますか?」という問いかけに対して、同期入社の全員が、誰も手を上げなかったのが印象深いです。「ここはみんな本当に面白いな〜!」と思いました。「あ、ここはずっといる会社ではないな」というのを感じたことが「独立」を意識した瞬間だとしたら、入社式の日がそれに当たります。

Stage 2 社外評価

独立をしたきっかけや、それからの活動を教えてください

同期が社費留学で滞在していたボストンで休暇をいただいていたのですが、期間中に「9・11」が勃発。そんな最中に上司から同期宅へ電話が入り「こんなときだけど、HR※注九州支社へ」と辞令を受けました。ボストンは空港閉鎖中だったので、いつ日本へ帰れるか分からない状況の中で、もし辞令を蹴るなら会社を辞めろと言われ、退職しました! 何の準備もないまま唐突だったので、一旦フリーランスのディレクター、デザイナーとして仕事を開始しました。

一番意外だったのは「あれ？　私、社内評価よりも、社外評価の方が高いのかな？」ということでした。扱いにくい結構な問題児だったので、社内では、いろいろ否定されたり詰められたりということがよくありました。「自分はまったく出来ていない」と強く思っていたので、目からウロコでした。また、自分の中では「出来ない私が必死にやっていたこと」が、独立後には「さすが！」と言われたりもして、現実感覚がおかしくなりました(笑)。

※注　HR＝Human Resorce の略。リクルートの中心的事業だった人材サービス部門の略称。

そして、会社設立まで一気に駆け上がったわけですね

フリーランサーとして2年目が終わる頃、大変ありがたいことに年商が2000万を越えました。偶然、当時は会

10期終了時のメインであるアクセサリー事業。石選びからのカスタム・オーダーで、丁寧に制作する

社法の改正があったか何かで？個人事業主との契約関係の見直しがかかったらしく……そもそも会社については、その程度の知識だったことがこれでもバレますね(笑)。当時のメインクライアント様から「法人にしてもらえますか？」と言われたことがきっかけで、何の予備知識もなく「あ、分かりましたあ！」と有限会社にしてしまいました。

スタートからここまで。振り返ってみると？

2014年5月から11期目です。途中、病気で倒れ入院3カ月半を経験しました。当時の税理士さんから「そのまま放置すれば、そのうち書類も来なくなりますよ」と言われて悔しくて、その後は6年程リハビリで休眠にした時期も含め、自分で会計の本を買って、ゼロ円決算（収入ゼロの時期も決算書を提出して事業再開を可能にすること）をやり続けました。震災後に気持ちを立ち上げ、ブランドを軌道に乗せるために努力し、スタッフを集めることを考え始め、今実現のステップに入ったところです。今は「第2創業期」と呼べる状況です。

Stage 3 キャッシュフロー

新たなチャレンジについて教えてください

短期間で効率よく「経営」の枠組みを知る必要があるなと思い、経営の勉強会と、起業家向けの経営の勉強会に通って、ゼロから学んでいます。4年前から「経営を体系的に勉強した方が、私は理解が速そうだ」と感じて、勉強会などを探していました。なかなか自分に合う勉強会が見つからず、3年かけてようやく見つけました。そこから急激に集まる人や協力者の質が一気に向上しています。後は専門分野の心理関係などは常に更新しています。

今後、取り組むべきことは何だと思いますか

デザイン会社として機能していた頃は、仕入れがほぼゼロ円ですから「資金繰り」の重大さも意味も理解が出来ませんでした。アクセサリー事業が始まってから、キャッシュフローがなぜ大事なのかを学んでいます。これが一つめの課題です。

また、今思い描き、周囲とおしゃべりしながら膨らませている会社の「事業」や「哲学」は、社会に意味のあることだと思っています。永続性を持たせること＝人を育てる仕組み作りを行なうこと。この2点です。

その世界を通じて実現したい夢は？

幼少から「どうして全員と、友だちになれないのだろう？　目の前の人を否定する理由は何？」と思ってきました。家族やお友だちだっ

通常はBlogベースでの販売だが、阪急うめだ本店でも年に数回PopUpShopを展開している

て、個性が違う。そういう当然のことを、フラットに見つめられたら、すべての違いは「世界の豊かさ」に感じるのではないか?と。「自分を認めること」=「他者を許容すること」という式が問題の根底に流れていると感じるので、これを解決、浸透させて、世界中の人とお友だちになれるシンプルな未来を作りたいです。

＜女性たちへのメッセージ＞

男性と女性は同じ社会に生きていて、同じ地球上で未来を生み出していくのだから、お互いにサポート体制をつくるのが1番自然だろうと思うのです。ウーマンリブ以降大変な思いをして、「男性社会」と呼ばれた社会に女性の活躍の場を開いてくださった先輩方のおかげで、私たちは、次の段階のことが出来ます。「男性社会」の中で傷ついた男性たちも多くいらっしゃるので、協業する優しい未来のために出来ることを、一緒に考えて欲しいです。

会社 DATA

社名	有限会社ファカルティワークス
設立	2004年
資本金	300万円
従業員数	0名（ボランティア＆アルバイト＆委託スタッフ常時数名）
事業内容	事業内容／二次利用を楽しめる「抽象絵画制作」、想いや気持ちをサポートする「天然石ジュエリー制作＆ストーンアドバイス」・障がいをお持ちの方との協業による「糸のアクセサリー制作」、未来を創るロゴなどの「グラフィックデザイン」・色彩心理を使った「色彩設計」、起業家・企業家向けのアドバイスを行なう「オラクルカードリーディング」
連絡先	〒143-0027　東京都大田区中馬込 1-1-17 URL：http://www.facultyworks.net E-mail：info@facultyworks.net

みたけ さやか　(有)ファカルティワークス

最近の私と会社

人生とは本当に予測不可能だなあ、と思います。私は２０１４年から２０１６年の春にかけて入退院を繰り返し、軌道に乗り始めていたアクセサリー事業は泣く泣くストップせざるを得ませんでした。そんな中、２０１６年の夏はReadyforさんからクラウドファンディングのお誘いをいただき、「障がいをお持ちの方々と協業で作る糸のアクセサリーブランド・Holly heal® on Sunday」も立ち上げました。目標金額を達成して展示会にも出展。三越伊勢丹様、小田急百貨店様、東急ハンズ様とのリレーションも始まりました。同年からオラクルカードを日本に紹介した会社さんのショールームにて、店頭リーディングをご提案し、立ち上げに参画。先生としても活動を開始しました。２００７年に一度諦めたグラフィックデザインも少しずつ再開することが出来ました。ただし無理を控えるために、ひとり会社として再スタートをしています。

２０２０年現在、やっとバランスが戻ってきたので、ここから3年でやっと会社の立ち上げ直し期間です。２０１９年にはニューヨークのギャラリーさんからお声がけがあり、契約して絵画の販売を開始。夏には日本での合同展にも参加。２０２１年は国立新美術館での絵画展示も予定しています。周囲から「アーティストのさやかさん」とご紹介されることが増え、肩書きも変えました。企業拡大は視野から外し、インスピレーションを大切にして、今の自分が心地良く出来ることをやっています。無理のないペースで自他の笑顔のために、のびのびと活動して参ります。

株式会社ダヴィンティーニ・代表取締役

矢野 なみ紀

やの・なみき

41歳で起業！

リクルート在職2年（1992年〜1994年）

■ **PROFILE** 岡崎女子短期大学（経営実務学科）卒業後、名古屋銀行融資係、花王㈱にてブランド立ち上げ間もない基礎化粧品シリーズ「花王ソフィーナ」のメイクアップアーティストを経て、㈱リクルートに転職。入社後はＨＲ事業部で大手企業新卒採用に携わる。2009年に起業。㈱ダヴィンティーニを設立。プリザプーブドフラワーに特化したフラワーデザイナー。カーネギーホール（ニューヨーク）、HotelGalles、MIRANI HOTEL（ローマ）、フランスセレほか海外出展多数。３度にわたるローマ留学後、2018年より日本とイタリア２拠点にて活動の範囲を広げ活躍。愛知県岡崎市出身。

■ **私のスローガン 「過去は序幕に過ぎない」** 努力を努力と思わない。努力をすれば必ず何かしら手に入るだろうと見返りの期待をしすぎないことが大事で、思い通りにいかなかったことすべては『実験』の過去の実例としてストックしておくことにしています。

「独立して誤算だったのは
すぐに売上げが立たなかったこと。
計算どおりにいったのは資金の減り具合だけ」

Stage 1

勇敢な上司

前職はメイクアップアーティスト。なぜリクルートへ？

ある日、とらばーゆを本屋で手に取り、一瞬で「やってみたい！」と思った求人広告が「㈱リクルート名古屋支社ＨＲ事業部：職種トラフィック」でした。モノクロ２分の１ページ広告に惚れたんです。その場で人事部署の電話番号だけ覚えて入社試験をエントリーしました。広告には「一緒に働くのはこんな人」といった内容で、オフィスのイラスト。鉢巻をした人、口笛吹いたり習字をする社員の姿。自分の心が動かされたコピーを今でもリスペクトしています。

実際、入社してみたらどうでしたか

私は一番老舗のＨＲ事業部配属になり、大手のクライアント企業へ原稿プレゼンテーションするのが仕事でした。新卒採用の「会社年鑑」、「リクルートブック」、「日本のビッグビジネス」のほか各媒体の原稿を、のべ約３００工程同時進行で入稿していきます。忙殺時の原稿トラブルのピンチに当時のＰＣマネジャー（薮田文康氏）が殴りこみにでもいくかの緊迫感で他部署へと向かい、原因を徹底的に追究し、クライアントのために尽くす勇敢な姿が目に焼きついています。

お父様は自分のあとを継いでほしかったようですね

ええ。繊維原料の会社を経営していた父が悪性リンパ腫で余命3カ月と医師から宣告されたある日、「ジーンズショップを経営してみないか」と、点滴の針や管が刺さった体で私に言ってきたことがあります。私が19歳のときでした。「商売って薄氷の上を歩くようなものだけどな」と、何かしら私への強いメッセージだったと頭の片隅に残っていました。後にリクルートに入社して独立志向の強い文化に触れ、父の言葉とともに生涯の働き方を考えるきっかけになりました。

Stage 2

独立準備

いざ独立にあたっては、どんな準備をしたのでしょうか

はっきり言って見切り発車です（笑）。準備は十分やるに越したことはないけれど時間がかかりすぎてスタート出来ないのでは本末転倒です。取り巻くすべての人が賛成してくれるとも限らず「不安定で簡単なことじゃないよ」「潰れるかもしれないんだよ」と一歩も踏み出していないうちからネガティブな言葉を浴びることも少なくないです。「武器は走りながら掴む」を意識して、自分が選択する起業の道をいかに正解にしていくかという信念が最も重要と思います。

独立して分かったことってありますか

会社の設立は法務局に申請手続きをするだけだから、まあ、給料アップや昇進よりも簡単に出来ます。問題は、会社を設立する意味にあるんですね。売上げを追うばかりの日々でそもそも何をやっているのか分からなくなった設立当初に出会った本が、『成功読書術―ビジネスに生かす名著の読み方』土井英司（著）です。自分では探し得ない名著がズラリと紹介されていて、片っ端から買った本が経営者に必須な経営者脳を鍛える師匠となりました。

それにしても独立して誤算だったのはすぐに売上げが立たなかったことでしょうか。収益シミュレートをしても実際計算どおりにいったのは資金の減り具合だけでした。マーケットのお客様にとって自社商品が「欲しいもの」なのかを徹底的にリサーチしなかったことや、テストマーケティングを繰り返し行なわなかったことが原因です。「1つの事業はそもそも5年。長くて10年しか持たない」と言われています。事業をスタートさせてから常にアップデートする重要性も独立してみて知りました。

Stage 3 ビジネスモデル

仕事とプライベートな時間はうまくバランスとれていますか

両立することが決して理想だとは限りません。ある時期、睡眠時間以外は仕事に没頭し、ある時期は趣味や研究に勤しみ、家庭をつくったり、二度と戻ってこない子育て時期を充実させたりするよう偏っていてもいいと私は思っています。そのために大切なのは、理解者と仕組み作りです。社長がいなくても回っていく、妻であったり母親がいなくても回っていくような人間関係と環境を意識的につくり上げる取り組みがキモになってきます。

最近、どんな勉強をしていますか

他業界を知ることと、居心地の悪いアウェイな環境に身を置くこと。普段自分と時間を共有しえない方との接点を出来るだけ多く持つようにすると発見があり勉強になります。現場から見えてくる視点は得ることが多いと実感しています。ふり幅が狭いと当然発想が貧しくなってきますので具体的に、未経験のことを体験する、他業界で会ったことのない人に会う、読書をする、この3点セットを心がけています。

10年後、20年後の夢は？

創業の原点となるフラワー事業は葉山本店アトリエ。京都オフィスを経て、日本とイタリア・ローマで２拠点展開

ここでしか出来ない、これしか出来ないと限定してしまうことが、人生を固定化してつまらない日々を作り上げてしまいます。自分の身の変わり方こそが最もクリエイティビティだという考えです。一流スポーツ選手が潔く引退し、一から次なるステージにチャレンジする姿を見て流してしまう自分の涙は変化を恐れている自分を奮起させる涙だといつも思います。10年後、20年後が今の私には、想像もつかない自分になっていることが私の夢です。

その夢を果たすためには、やらないことを決めることです。現時点では、スケールしない、事業拡大しないということですね。手広く事業を進め、雇用をたくさん生み出し、組織化する経営を目指さず、一人では不可能なことを、業界を飛び越えた他人や他社と手を組み実現させていくアライアンス。1つのプロジェクトでも、プラットフォームを作り、お互いが力になりアライアンスを広げていくビジネスモデルで展

2300冊超を収めた壁一面の本棚。Amazonランキング1位から100冊一気買いを定期的にして時代を読んでいた（2014年）

開していきたいと考えています。

＜女性たちへのメッセージ＞

女性は、遺伝子を残すイキモノ。子孫であれ、作品であれ、会社であれ、サービスアイデアであれ著書であれ、何を生み出すのかは自分で決めることが出来ます。必要とされるものであればこの世に残すことが出来るのです。目の前の業務に走るだけでなくときには立ち止まって、自分は何をこの世に創り出し残したいのだろうか、残すことが出来るだろうか、と考えてみましょう。

会社 DATA

社　　名	株式会社ダヴィンティーニ
創　　業	2009年1月8日
資 本 金	500万円
事業内容	法人に特化したオーダーメイドフラワーギフトサイト「クライアントイチコロ」運営及び、イタリア版WEBSITE https://namikiyano.it
連 絡 先	[東京オフィス] 〒107-0062　東京都港区南青山2丁目2-15-917 TEL：03-5860-0953（代表） URL：https://davintini.co.jp E-mail：information@davintini.co.jp

矢野 なみ紀　(株)ダヴィンティーニ

最近の私と会社

おそれず。ひろく。おもしろく。
これは、２００９年創業時からの会社の行動指針です。最近の私は、学びのための時間をつくる計画の実践を２０１８年より始めています。それは、地球上で最も美しいものを創ってきた歴史を持つイタリアで学ぶことです。人間は「使う言語」と「使う時間」で出来ています。言語を知らずして学びなし。ですから、イタリアのデザイン技術を現地で習得する以前に言語を学ぶためイタリア留学を３度したのです。

その舞台は、Scuola Leonard Da Vinci Romaです。この学校はイタリアの大学Collegio del Verbo Divinoの入学前に通う学校でもある、などということをまったく知らず通っていたのでした。世界中から集まる生粋のガリ勉の中に飛び込んでいたのです。日本人生徒は私１人で全体の０．５％にも満たない環境だったのです。帰国前、地元イタリア人から「日本人は、ヨーロッパで花の展示やデザインまでするのか」と尋ねられ、瞬時に「日本人は、なにも家電と自動車だけを作っているわけじゃないからね」とイタリア語で即答出来たことは、大きな収穫と言っていいでしょう。

その後、２０１９年５月ピカソが晩年過ごしたフランスのセレ市でプリザーブドフラワー展示とデモストレーションを行ない、２０２１年パリで個展を予定しています。今後も日本とイタリア２拠点をベースに活動を展開してまいります。

株式会社アップリンクス・代表取締役

山口 朋子

やまぐち・ともこ

37歳で起業！

リクルート在職1年6ヵ月（1992年〜1993年）

■ PROFILE 立教大学（社会学部産業関係学科）卒。㈱リクルート入社後、ガテン事業部で求人広告の営業担当。建築に興味があったので、リクルート退職後に専門学校で勉強し、1997年に二級建築士を取得。ハウスメーカーなどで設計士として8年勤務後、2001年、出産で家庭に入る。その後、独学でホームページ制作を学び、インターネット広告事業で2006年起業。2009年に法人化した。1997年に結婚したフリーライターの夫、大学生の娘の3人家族。

<著書など>『普通の主婦がネットで4900万円稼ぐ方法』（フォレスト出版）
『主婦が1日30分で月10万円をGetする方法』（さくら舎）
『忙しい主婦でも出来る！スマホで月8万円を得る方法』（学研）

■ 私のスローガン 「あらゆることは、最善の結果のために起こる」 人生には、無駄なことは一つもありません。どんな経験も、あとから役に立つのです。ピンチが来たら、それは新しいチャンスの幕開けだと思い、ワクワクします。ピンチを乗り越えると、そこにはさらに成長した自分がいるはず。仕事には問題やトラブルがつきものですが、それは自分を成長させるために用意されたギフトだと思うことにしています。

ゆくゆくは一国一城の主になろうと建築士の資格をとるため退職を決意した

Stage 1

自分への投資

リクルートでは営業を経験しましたね

入社してから、『ガテン』という求人情報誌の広告営業をしました。最初のうちは先輩営業マンについてお客様のところをまわりました。1日に十数社をまわり、採用担当の方や、社長さんたちとお話をする。そんな先輩がまぶしく見えたものです。ひとりで会社をまわるようになってからは、素直にお客様のお話を聞くことの重要性を感じ、いろいろな分野の経営者の方々からたくさんのことを学ばせていただきました。その経験が、今も役に立っています。

失敗談はありますか

当時は朝早くから終電ギリギリまで仕事をしていましたから、私は慢性的な寝不足で、乗り物に乗るとすぐに寝てしまい、駅を寝過ごしてしまうことも度々でした。ある日、営業先のお客様のところでお話をしていて、ちょうど社長が駅にいく用事があるから車で駅まで送ってあげるよ、と言われ、車に乗せてもらったのですが、乗って1分ほどで寝てしまい、「よほど疲れているんだねえ」とお客様にも呆れられてしまいました(笑)。

なぜリクルートを辞めようと思ったのですか

リクルートでの仕事はとても刺激的で面白かったのですが、まわりを見渡すとみんな長時間、仕事をしていて、自分への投資をする時間がまったくないように思えました。たとえば仕事についてもっと勉強するとか、本を読むとか、資格をとるなどの時間がほとんどない。自分は長く仕事を続けたい、そのためには学ぶ時間も欲しいと思い、退職を決意しました。

二級建築士の資格を取ったのですね

派遣社員として1年間働きながら、夜は建築の学校に通って資格を取ろうと考えました。なぜ建築だったかというと、専門的な知識を学んで手に職をつけたかったから。人に雇われる生き方よりも、ゆくゆくは一国一城の主として独立出来る資格が欲しかったのが本音ですね。その後、二級建築士の資格を取り、ハウスメーカーを経て、小さな設計事務所で働きました。その期間に会社を経営することがどういうことなのかを学ぶことが出来、自分が会社をつくるときに大いに役立ちました。

Stage 2

方向転換

建築からネットビジネスに方向転換。なぜ？

出産を機に家庭に入り、子育てを続けながら、現場での打ち合わせの多い建築業を続けるのは難しいと断念。在宅でも仕事の出来るウェブ関係の勉強を始め、２００６年にウェブ制作で起業。ホームページ制作業者として、お客様の紹介を中心に仕事を始めました。個人事業主でしたから、企業のお客様と仕事をするときに「法人にしてくれた方がありがたい」と言われました。世間ではそういうことが信用につながるのだと知りました。それがきっかけで、２００９年５月、業務内容はそのままに法人化しました。会社名や自分の肩書きが付くことで、身の引き締まる思いがしましたね。社長になるのは永年の夢でしたから、感慨深かったです。

社長になって初めて知ったことはありますか

社長になって、時間やお金が自由に使えるようになりま

オフィスでは、ウェブ集客の相談にみえる方のコンサルティングやミニ セミナーを行なう

したが、逆に休みの日も会社のことを常に考えていなければならなくなりました。従業員のお給料など、責任も増え、自由と責任はいつも隣り合わせにあるということを知りました。そして、会社というのは社会の公器であって、自分の私物ではないということ。そこを公私混同してはいけない。そういうことを、独立して初めて意識しました。

社長になって一番変わったことは？

まず友人関係、人間関係ですね。それまでの5年間は専業主婦で、子どももいましたから、お付き合いはママ友だちが大半。でも起業してからは、男女問わず、フリーランス、起業家、経営者などが中心になりました。ママ友だちと付き合っていたときは話題も家族や友人のことなど狭い範囲でしたから、いろいろな業種、職業の方と広く付き合うことで、視野、世界が圧倒的に広がったと思います。もう一つは、仕事とプライベートの境界があいまいになりがちなこと。仕事を始めた当初は自宅で仕事をしていましたから尚更で、仕事とプライベートの区別がなくなった。そこで近所に事務所を借り、意識して分けるようにしました。現在は、娘は小学生、主人もフリーランスで働いています。それで全員の予定を調整し、月に1日は、家族で顔を合わせて過ごす「家族の日」というのを決めて、家族だんらんを楽しむようにしています。

Stage 3

自己実現

今後取り組むべき経営課題は？

私個人の執筆活動や講演依頼が増えてきて、お客様とお打ち合わせする十分な時間が取れなくなってきています。よいホームページを制作するために、お客様と顔を合わせてヒヤリングすることが何より大事ですので、今後は自分の代わりにお客様とコミュニケーションのとれるプロデューサーを育てていくことが現在の課題です。

これからのビジョン、将来計画を聞かせてください

現在はホームページ制作が主な事業ですが、もう一つメインにしたい事業が女性の起業支援です。出産などで一度家庭に入った女性が再び社会とつながるために、起業という選択肢があるということを伝えていきたいですね。インターネットを活用することで、家庭にいながらにして情報を発信し、仕事につなげていくことが可能な時代ですから、女性が安心して子どもを生み育てながら、好きなことで自己実現出来る世の中にしたいですね。

セミナー風景。女性のためのネットスキルアップ塾を運営しているので、講師としての仕事もしばしば

〈女性たちへのメッセージ〉

私は、結婚し、出産するときに一度仕事をやめ、家庭に入りました。５年ほど専業主婦をすることで、子どもが可愛い時期をたっぷり一緒に過ごすことが出来ました。女性は、出産や育児などで、家庭か仕事か選択を迫られることがありますが、そのときに自分がいちばんやりたいことをやればいいと思います。私は思いっきり子育て出来てよかったと思いますし、今は、自宅でネットを使い、フリーランスで仕事をする道もたくさんありますよ。

会社 DATA

社　　名	株式会社アップリンクス
設　　立	2009 年
資 本 金	100 万円
事業内容	女性の起業支援とインターネット活用を軸として、『女性のためのネットスキルアップ塾彩塾』の運営、起業やウェブ活用のコンサルティング、企業・各種団体での講演・研修・セミナーなど。
従業員数	2名＋在宅スタッフ9名
連 絡 先	〒175-0094　東京都板橋区成増 1-23-19　クロスロード 3F URL：http://uplinks.jp E-mail：info@uplinks.jp

山口 朋子　(株)アップリンクス

最近の私と会社

前回の記事から6年経ち、会社も自分も大きく成長したのを感じます。当時、初めての出版の直前でしたが、その後3冊の本を出版しました。また、大手メディアからの取材が増えて、朝日新聞、読売新聞、毎日新聞、雑誌「日経ウーマン」「anan」「STORY」、経済ニュース番組『ワールドビジネスサテライト』（テレビ東京）、『あさイチ』（NHK）、『バイキング』（フジテレビ）など、多数出演させていただきました。

いちばん思い出深いのが、2017年2月の出来事です。女性の起業支援でノーベル平和賞を受賞されたムハマド・ユヌス氏が来日され、日本で講演をする際に、「女性の起業支援をしている」ということで、私に白羽の矢が立ち、ユヌス教授と一緒にゲスト登壇させていただきました。登壇後、ユヌス教授から「Great！僕も、今、起業支援をするなら君のようにネットを活用するだろう。頑張って！」と励ましの言葉をいただき、とても光栄でした。

そして、夢だった海外進出も。2016年から20回以上、海外6都市で講演をさせていただきました。言葉も習慣も違う人びとが私の話を聞くために集まってくれて、笑ったり泣いたりしてくれた経験は、大きな自信につながりました。今後は、学生の起業支援のための事業を娘と立ち上げたいと思っています。「学生起業モル」というYoutubeチャンネルを立ち上げていますので、応援していただけると嬉しいです。

株式会社エルアイズ・代表取締役

山本 亜紀子

やまもと・あきこ

36歳で起業！

リクルート在職６年半（1991年～1997年）

■ PROFILE 横浜国立大学（教育学部・心理学科）卒。㈱リクルート入社後、人材総合事業で中途採用・新卒採用の求人誌営業。その後、専業主婦８年を経て、2005年に札幌で、女性消費者視点で商品・サービス・店舗の改善をアドバイスする事業を個人事業として起業。現在では北海道の企業を始め、ＮＢメーカー、行政など、幅広い業態で女性ユーザーの生の声をリサーチして分析した結果を裏付けにアドバイスする事業に発展。2007年に法人化。運営するモニターサイト『主婦ラボ』は会員1000人(2013年時点)。家族は高校生と中学生の息子２人。

■ 私のスローガン

「一度きりの人生だから」「人として正しいことをする」

この２つで大きな決断も日々の細部の仕事の決断も納得して出来ます。

「強烈な願望を心に抱く」（京セラフィロソフィの『経営12か条』から）

どんな人でも、潜在意識に透徹するほど繰り返し強く「思う」という行為によって思いが実現するということが分かったときには勇気がわきました。

「利他の心」 自分よりも他の利になることを。一生の課題。難しい！　日々葛藤！

多忙な社長を新幹線でつかまえて到着後に印鑑を押してもらうこともあった営業時代

Stage 1

営業魂

リクルートに入社したきっかけは？

アルバイト先で知り合った先輩がリクルートに内定していたのですが、事件後（リクルート事件）間もなかったにも関わらず入社を決め、会社の魅力について教えてくれたことと、面接で会った方々が魅力的だったことです。営業職になって沢山の経営者に会えば、自分がやりたい本当のことも見えてきたり、そのうち、どうしても入りたい会社も出てくるかも、というような考えもありました。結局リクルートが一番好きで転職を考えることはなかったのですが。

これは！という成功談を聞かせてください

成功談というか、営業魂系ですが(笑)。たとえば多忙な社長をつかまえるべく、出張の新幹線の隣の席を取ってプレゼンし、到着後に印鑑を押してもらったとか。あまりにも売れない頃、求人広告誌営業なので「夜遅くまでやっている会社は人手不足に違いない」と夜飛び込みを思いついて実行。上司が心配してついてきてくれました。この話題はリクルートの社内広報誌で記事となり、実践して受注した人もいたとか。私は3日で上司からストップがかかりましたけど(笑)。

Stage 2
視点

リクルートを辞めたあと、専業主婦だったのですね

リクルート退職後、相模原（神奈川）に家も買い、2人目の子どもも生まれたのですが、離婚することになり、実家のある札幌に20年ぶりに2人の子どもを連れて帰りました。就職のため、ハローワークに行っていろいろ探しましたが、次男を幼稚園にしか入れられなかったため、フルタイムワークを断念せざるをえませんでした。そこで、個人事業なら時間の自由もきくので、自分が好きで、得意で、仕事になりそうなことで、資金のかからないことを個人事業でやろうと考えました。最終的に絞り込んだのが、女性消費者視点で商品・サービス・店舗の改善をアドバイスする事業でした。

起業するまでにどんな準備をしたのでしょうか

離婚の準備時に中小企業診断士の勉強をしました。結局受験はしませんでしたが、経理やマーケの基礎を勉強したことが後になってとても役立ちました。札幌では市が主催する無料の起業塾に応募し、夜

に週2回、全部で20回ほど通いました。そこでは一生の友人が出来、創業時にも力になってもらえたことが大きかったですね。また、法人化するときや、事業計画をたてるときなど、創業期の節目節目で100冊以上の本を読みました。インプットが多量だと、あるときモクモクと良いアイデアが湧いてくるものだと思いました。

初めてのお客様は？

最初の顧客は絶対に受注したかったので、2ヵ月ほどかかって調べ、アプローチ先を決めました。北海道内に数十店舗展開する食品スーパーです。リクルート流の営業で社長宛てに一主婦の立場で、「もっとお気に入りのスーパーに！」という内容のお手紙を書き、履歴書を添えて出しました。間もなく連絡をいただき、社長と面談して頂きました。「社長が一主婦と会うなんて前代未聞ですよ」ということでした。そして数回に渡って一緒にコンサル内容を作り上げ、顧問契約を結んでいただきました。

Stage 3 存在意義

独立して気づいたことってありますか

今も「盛和塾」という、稲盛さん（稲盛和夫。京セラ・第二電電（現）創業者。日本航空取締役名誉会長）の経営塾で勉強させていただいていますが、稲盛さんご自身はもちろん、京セラフィロソフィ、アメーバ経営、どれも本当に素晴らしいです。そういう存在に少しでも近づきたい。当初は細々やっていければいいと思っていましたが、考え方が変わりました。人を雇用して、従業員みんなの物心の幸せを実現することを、会社の存在意義に加えています。しかし、思うようにならないのが現実。自分の理想の経営者像に近づくのは本当にたいへんです。

とくに勉強していることは？

定性調査（市場調査の手法の一つ）の設計・実施・分析です。定量調査は全国的に出来る会社がたくさんあるので、北海道で真に役に立てるレベルまで磨こうと注力しています。東京の株式会社マーケティングコンセプトハウスのスクールに参加し、グループインタビューや商品開発のアイデア発想法など、全国のNBメーカーのマーケ担当者や開発担当者に混じって勉強しています。毎回みんな「ヒット商品を作りたい！」と、ド真剣なところがなんともいいのでおすすめです。

今、取り組むべき経営課題は？

人材の採用と育成です。まだトップセールスをどんどんすべき時期なので、私の時間管理上も人材が必要です。一方、営業力やマンパワーに頼らないためにも、商品をもっと効果のある分かりやすい内容にすべく、創意工夫がまだまだ必要だと思っています。集客のための仕掛け、見込み客へのフォローなども課題です。昨年末に立てた

専門書やレシピ本はかなりある。尊敬する稲盛さんのポスターに囲まれて仕事

３か年計画をより具体化して、日々の仕事に落とすことにもっと時間を割かないといけないと思っているところです。

これからやりたいことは？

会社としては、なんといっても、クライアント企業のめざましい成功に数多くかかわり、真に役に立つ、頼りにされる存在になるということです。従業員と一致団結して、素晴らしい会社にしたい。プライベートでは、子どもたちとの良い関係づくり、親孝行、友だちとの楽しい時間など、ぐっと普通な感じになりますが(笑)、今現在の正直なところです。

＜女性たちへのメッセージ＞

個人事業主や起業準備中の方のための講演をさせていただくこともあります。お伝えしたいのは、「気になった本は買って読む」「これはと思った新聞記事には電話してみる」など、ちょっと、とりあえず、だめもとで、と小さな行動を沢山することが、やりたいことを実現する種まき行動なのだということです。勇気が必要な行動なら、

事務所は２ＤＫ。グループインタビュー、食品の試作·試食·撮影まで行なっている

何かにこじつけたり、やらない場合に失うことを考えると、意外と失うものはなかったりするので、それを考えてみることで、自分で自分の背中を押しましょう！

会社 DATA

社　　名	株式会社エルアイズ
資 本 金	1,000 万円
事業内容	1. アンケートや座談会、覆面調査などの消費者調査
	2. WEB サイトのコンテンツ企画・制作
	3. 商品企画・販路拡大（北海道おみやげ研究所）
従業員数	4名
連 絡 先	〒 064-0822　北海道札幌市中央区北 2 条西 28 丁目 1-18-216
	URL：https://www.l-eyes.com/
	E-mail：yamamoto@l-eyes.com

最近の私と会社

「一度きりの人生だから」「人として正しい判断をする」という考えは今も変わらず大切にしています。息子たちも進学して自分の自由になる時間も増え、50代になってから自分の存在の役割も分かってきました。心と体の管理をして有意注意でしっかりとやっていこうと思っています。会社の事業はマーケティングリサーチのサービスも増え、オンライン化により様々な対象者への調査も可能となりました。企業の対顧客向けのコンテンツを企画し制作する事業も、弊社ならではの女性顧客視点を活かして伸ばしていきたい事業です。また、２０１８年1月から「北海道おみやげ研究所」を始動しました。地元メーカーや生産者の方とお土産商品開発を一から開発・販売し、販路も広げていくしくみです。ヒット商品をたくさん産み出していきたいと思っています。

※プロフィル中、自社運営モニターサイト「主婦ラボ」は２０１９年7月に老若男女を対象とした北海道のモニターサイト「ドーモニ」としてリニューアルしています。

有限会社エラン・代表取締役・パフォーマンスコンサルタント

鎗田 恵美

やりた・えみ

37歳で起業！

リクルート在職 15 年（1988 年～ 2002 年）

■ PROFILE 法政大学（社会学部）卒。1988 年、㈱リクルート入社。人材採用事業部に配属。以降、退職するまで人材関連領域の事業部に所属した。求人雑誌の商品企画・編集、クライアント向け広報誌「Humanage」編集などを経験。その後、リクルート社内の営業・制作・マネージャ育成や社内コミュニケーション設計に携わる。組織人事コンサルタントとして、企業向け組織開発、人材開発に従事。2002 年、㈲エランを設立。エランにおける主な実績は、「顧客接点現場のパフォーマンス向上のためのヒューマンスキル＆ナレッジの仕組み化」「新入社員から若手社員の戦力化のための組織構築、実践指導」「人材開発体系設計＆ベンダー選定」など。家族は夫、ウサギ一羽。

＜著書など＞『プロマネの野望』（翔泳社）

■ 私のスローガン 「人は見たいものしか見えず、聞きたいことしか聞こえない」「興味を持たなければ、何も身につかない」 自ら気づいたり、興味を示したり、知りたいという欲求を持っていないものは、周囲から必要、大切だと言われても、受け止められないし自分自身のものにならない。という意図です。

「私の最大の武器は綱渡りが上手なこと。どんな苦難があろうとあきらめず、粘り強く、成果を追求していく」

Stage 1

布石

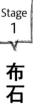

学生時代、就職についてどんなふうに考えていましたか

「女だから……」という言葉が大嫌いでした。その言い訳をしたくて女性学を学びたいと、大学に進学したようなものです。就職活動を前にして、なかなか明快な答えが得られず、また周囲を変えられない自分に苛立っていました。あるとき、「あなたが目指したい世の中を築いていくために、自分自身で道を歩んでみなさい。それがいずれ世の中が変わる布石の一つになるかもしれないのだから」と教授に言われ、ようやく踏み出した、その頃の自分の思いが懐かしいです。

リクルートで記憶に残っている仕事は？

お客様と「共犯者」になれたと実感出来た仕事ですね。ある大手の電機メーカー様とのお仕事で、技術者のヒューマンスキル向上のために、社内資格制度構築&スキル習得研修実施に取り組みました。その仕事のワンサイクルが終了した時期に、ご担当の方々が成果を認められ、その会社で全社表彰されたんです。そして、私もリクルート社内で営業部門のMVPを受賞しました。ご担当者の皆さんからも、「同じ目標に向かって一緒に挑んできた結果の一つとして双方が受賞出来たことが嬉しい！」と言っていただけました。このときのお客様との関係が、独立した今でも目指す形です。

独立しようと思った時期は？

私と同じ時代にリクルートに入社した人たちは「定年までこの会社にいるとは思っていない」という人がほとんどで、私もその一人。そのときは頭の中に、独立というはっきりした言葉はなかったのですが。実際に次のステップを意識したのは30代初めの頃かな。自分がいつも情熱を持って生きていくためには、自分自身でそういう環境をつくり続けていくことが必要と思いはじめ、まず自分がビジネス社会でどの領域で生きていこうか、と考えました。「独立」が具体化していくのはそういうところからでしたね。

独立を知って周囲の反響はどうでしたか

「今晩、時間ある？　話したいことがあるんだけど」。そして自宅近くのバーで、「会社、辞めることにした」。「そう、で、次は何をするの？」。この会話は、上司に「辞めます」と告げた夜、夫と交わした会話です。同じような会話が周囲の共通した反応でしたね。「なんで辞めるの？」ではなく「何するの？」という言葉をかけていただけたということは、今の環境から逃げるように見えていないんだ、ちゃんと卒業していけるんだと感じました。

Stage 2

市場価値

最初に受注した仕事は？

独立当初は、人材領域での仕事が出来ればと漠然と思っていました。その中で何を売りにしていくかなどまったく考えておらず、ゆっくりスタートすればいいやという感じで、声をかけていただいた仕事を、まずは可能な限りすべて受けてみようと思っていました。そういうわけで独立1年目の仕事は、営業担当者向け研修プログラム設計やマニュアル作成の仕事、新人研修企画と講師、社長インタビュー、編集記事の取材から記事制作、パンフレットづくり、販促企画アイデア出し、マーケティングなどさまざまでした。

仕事は縁なんですね

本当にそう思います。ですから、一つ一つの出会いに感謝しつつ、「一期一会」を忘れずにと、ことあるごとに戒めています。独立当初、お仕事の声をかけていただいたのは、リクルート関係者、リクルート時代に縁のあった古いお客様、学生時代の友人・知人、趣味サークルの知人。そしてご紹介。一つ一つの縁がつながることに感謝がしきれません。

独立して初めて知ったことってありますか

声をかけていただきながら気づいたことは、「自分の市場価値」ということですね。自分が得意なことが必ずしも市場で高く認められるとは限らないこと。逆に、「出来なくはないけれど、得意ではないこと、どちらかというと苦手なこと」のほうが、世の中では高く評価されることがあること。そんなことが分かってきました。

Stage 3 綱渡り

経営者としての強みは？

綱渡りが上手なことでしょうか（笑）。いつも「綱から落ちないよねー」と周囲から感嘆、いえ、呆れられています。でも、ちゃんとお客様にとっての成果に結び付けたいんです。〝あきらめない、粘り強さ〟。同じものでも見方を変えたり、時空を変えれば違ったものになるという、やや楽観的なポジティブ思考から生まれているこの精神が、私の最大の武器ではないでしょうか。

ワークショップ中に参加者が立って身を乗り出して語り合えるのがＬＳＰワークショップの醍醐味です！

今取り組むべき課題は？

自分自身を含めて、有限会社エランとしてのパフォーマンスの追求でしょうか。もともと会社設立をした時点で会社を大きくしていくつもりはなかったんですね。その時々の仕事にプロ同士が連携して、最高のサービスを提供出来ればいいと思ってきました。この考え方は今後も変わらないと思います。いかにパフォーマンスを上げていくか？　そのための仕組みや環境はどうしたらいいのかを、自分自身およびエランとして真剣に取り組んでいきたいと思っています。

仕事が忙しくて友人関係が疎遠になるとか、ありませんか

友人、知人とはフェイス・トゥ・フェイスの時間を大事にしていきたいと思

2012年、「LEGO® SERIOUS PLAY® メソッド」の認定ファシリテータ認定取得。大人が抱くビジネスなどの重大な関心事に対し、専用のレゴ®ブロック教材を使った「真剣なPlay」を通して自ら気づきが生まれる瞬間が醍醐味です！

いますね。最近はネットなどでつながりを維持しやすくなった分、気がついたら希薄な関係になってしまうかもしれない。私はメールとかはマメなほうではないので、会っている時間を濃密に過ごすことを意識しています。相手にとっては濃密すぎて迷惑かもしれませんが（笑）。

＜女性たちへのメッセージ＞

困難なことにぶつかったとき、すぐにあきらめないで欲しい。乗り越えられない壁に思えても、ちょっと見方を変えたら追い風になることかもしれないし、今は頑丈な壁でも、時間が経てば消えてしまう壁かもしれない。「自分だからこそ〇〇出来る」というものを探す旅に気軽に出てほしい。「女性だからこそ」というのは、私は苦手な言葉なので、「自分だからこそ」ということですね。

会社 DATA

社名	有限会社エラン
設立	2001 年
資本金	300 万円
事業内容	組織および個人のパフォーマンスコンサルティング（「個々人の能力やスキルを高めていくだけでは、成果は生まれない」ということに着目し、組織の仕組みやプロセス、風土など、業務遂行を取り巻く物理環境を含めたパフォーマンス向上のための解決策を提供）
連絡先	〒 102-0084　東京都千代田区二番町 1-2　番町ハイム 336 TEL：03-6869-1925　FAX：03-6893-3931 URL：http://www.elan-2001.com/ E-mail：info@elan-2001.com

鎗田 恵美　(有)エラン

最近の私と会社

インタビューを受けてから7年のときが流れ、家族が増えました（笑）。ヤマト（オス猫5歳）。

仕事が恋人？人生？のような日々を過ごしつつも少しずつ穏やかな日々を過ごせるようになりました。がむしゃらに走るのではなく、気持ちを整えてから動くという感じです。この変化は、5年前に「感情」に着目してEQをパフォーマンス向上のためのコンテンツとして取り入れた結果、大きな手ごたえを感じたことが影響していると思います。これまで、人と組織のパフォーマンスを上げていくために、自らの「気づき」を大事にしてきました。次の一歩として〝気づいたことをいかに日常に取り込んでいくか？〟が今取り組んでいる大きなテーマです。人は、頭では理解出来ているのに、「どうしてもやる気（持ち）にならない」や「やらなければ気持が済まない」と、実は自分がとるべき行動をとれないことが多かったりします。「気持＝感情」をうまく自分の味方につけていくための伴走をしています。

2020年12月3日に20期を迎えます。「『人と組織は変わることが出来る』と信じて根気よく現場と向き合えば、必ず変わることが出来る」という実感を持てたことがエランにとっての財産だと思っています。これからも一人でも多くの人、一つでも多くの組織が元気になるための後押しをしていきたいと思っています。

株式会社 Waris・代表取締役（共同代表）

米倉 史夏

よねくら・ふみか

38歳で起業！

リクルート在職５年（2007年～2012年）

■ PROFILE　米国CCE,Inc.認定GCDF-Japanキャリアカウンセラー。1975年生まれ。1999年に慶応義塾大学総合政策学部を卒業後、日本輸出入銀行（現国際協力銀行）入行。企業の海外直接投資に関する調査に従事。その後、㈱ボストンコンサルティンググループにリサーチャーとして入社。ヘルスケア業界を担当し、医療、製薬業界の調査・分析業務に携わる。2007年に㈱リクルートへ転職。医療領域の新規事業立ち上げ、ブライダル事業の事業企画業務に従事。2011年に取得した、米国CCE,Inc.認定GCDF-Japanキャリアカウンセラーの資格を生かして女性のキャリア支援に携わりたいと考え、2012年にリクルートを退職。2013年に㈱Warisを設立。2019年２月よりベトナム・ホーチミン市在住。

■ 私のスローガン　「チャンスの貯金は出来ない」（やりたいかも、と頭の中でよぎったら、そのときやる）。　これまでの、人生を振り返ってみると、留学や転職など、周囲からみたら、やや無謀だったり、今の実力では難しいのでは？と思われることを、本人の勝手な「やってみたい」という想いだけでやってきたことが多いように思います。でもそんなことの小さな積み重ねが今の会社を仲間と創るということにつながっていると思います。

政府系銀行、コンサル会社、そしてリクルート。そこで出会った女性のキャリア支援という事業テーマ

Stage 1

意味不明

世界的なコンサルティング会社から、なぜ転職？

コンサルティング会社ではリサーチ専門職としてキャリアを積んでいましたが、だんだん「調べる」ことだけではなく、「調べたことがどう使われ、事業にどう貢献していくのか」という、「調べたことの先」に関心を強く持つようになりました。

そんなところに、リクルートでの新規事業に関われるポジションという話があり、それに魅かれて入社しました。事業づくりを、大組織の歯車の一つとしてではなく、小さなチームのなかで主体者として関われることが決め手でした。

入ってみてどうでしたか

入社当時は苦労をしました。当時、事業づくりは初の経験で、周囲の指示も「何をいっているのか意味不明」でした(笑)。

貢献出来ない自分を見ながら、「自分の選択肢は間違っていたのでは」と後ろ向きになる日々でした。そんなとき、当時の上司が、「自分との対峙だ。ずっとそうなんだ」と一言。その言葉が、今でも忘れられません。やるもやらないも、すべて自分次第。乗り越えたいなら自分と戦え。それ以来、壁にあたると必ず思い出す言葉です。

Stage 2

共同経営

それからリクルートを辞めた。次は何をやろうと思ったのですか

将来はキャリアカウンセラーをやりたいと在職中に資格を取得しました。そして退職後しばらくは業務委託（フリーランス）という契約形態で、ある会社で働くことになりました。フリーランスは特殊技能を持った人たちという固定概念がありましたが、「普通の文系総合職」である自分も、フリーランスとして働くことが出来ることを知りました。これはつまり、キャリアを積んでもいったん育児などの理由で正社員勤務を離れると「行き場がない」女性たちの実態があるわけで、そういう彼女たちがフリーランス＝（ビジネス系フリーランス）として働けるということだと気づきました。そこで女性たちが社会に戻って活躍する場をつくりたいと思い起業をしました。

会社を起こすにあたってどんな準備をしたのですか

創業メンバーのうち２人の出会いがあって、この事業を立ち上げようという話になったときに、まずトライしたのが「川崎市産業振興財団主催　第82回かわさき起業家オーディション」というビジネスコンテストへの参加でした。２人とも本業がありながら、週1回、渋谷のカフェで早朝7時に集合して議論をしながら、事業計画書をつくりあげました。朝のカフェが寒かったこと、会社の始業時間に遅れそうになって猛ダッシュしたこと……、今はいい思い出ですね。コンテストの結果は「かわさきビジネス・アイデアシーズ賞」を受賞することが出来ました。

注文第1号は覚えていますか

３人のメンバーで共同出資による会社を設立してスタートしたわけですが、立ち上がり当初のお客様は、これまでお世話になった前職の方々や、知人のご紹介がメインになりました。サービスイン直後は夏でしたから、暑い日差しのなか、これまでお世話になってきた方々へのご挨拶まわりに奔走しましたね。初めていただいた注文は月額にして数万円という金額でしたが、周囲の方の暖かい支援とご縁にとても感謝したことを覚えています。共同経営というかたちの運営を続けてきましたが、複数の人間で経営するのは大変では?と聞かれることもあります。でも、むしろ3人の体制が功を奏していることの方が多いように感じます。アイデアも3倍、業務スピードも3倍なので、立ち上げ時はとくにその恩恵に預かったと思います。３人がそれぞれ、経験領域、キャラクターが異なるのでいい相乗効果がうまれていると思います。お客様にしても、パートナーにしても、日々日々、「人との縁」に感謝する毎日です。

会社は順調なようですね

そうですね。創業1年目から黒字を達成し、順調にすすんでおります。ワーキングマザー側からの関心の高さと企業側からのニーズの高さを感じています。顧客のメインはベンチャー企業ですが、女性の活用や働き方のフレキシビリティを持たせることに強い関心のある大企業からの引き合いも増えています。

Stage 3

働き方

忙しい毎日だと思いますが、休日はどんな過ごし方？

３歳の息子と過ごす時間を何よりも大事にしています。平日は５分刻みで時間をカウントしながら追われる生活で、ゆっくり彼と向き合う時間もないのですが、休日は仕事を一切しないと決め、パソコンから離れ、徹底的に子どもとの時間にしています。子どもと目いっぱい外で遊び、母親業に専念する。それが自分の生活のメリハリとなっていると思います。

10年後の夢を聞かせてください

「働き方の選択肢」がたくさんあり、自分のライフスタイルや価値観に合わせて自由に働き方を選べる社会。そして、様々な働き方を選びながら、個人が自分のキャリアに責任をもち、キャリアをデザインしていく社会を実現するのが夢です。働き方が自由になる

社内キックオフの様子

と、人は一つの組織にとどまらなくなります。一つの会社で固定化されて働くのではなく、組織の中を様々な知見を持った人たちが行き交い、互いに刺激しあいながら、新しいものをどんどん創っていく……そんな活気ある社会を思い描いています。

もう一つ、これはリタイアしてから、ということになりそうですが、いつかやりたいことの一つに、「徹底して個人に向き合う」、そんな仕事をしてみたいと思っています。キャリアカウンセラーを目指したのもそんな思いがきっかけだったと思うんですね。社会の仕組みづくりに少しでも貢献出来たら、そのあとは、その仕組みにちゃんと飛びこめるように、一人ひとりの後押しをする。そんなことに取り組みたいと思っています。

風通しのいい空間で仕事をしています

ところで、今困っていること、取り組むべき課題は何でしょうか

私たちが提唱している「ビジネス系フリーランス」という働き方が社会で認知されていくためには、「オフィスに出社してある程度長く働くことこそがよいことなのだとするカルチャー」を変えていく必要があるんですね。そのハードルがとても高くて……。それでも、私たちの「働き方の選択肢を増やす」という取組みは男女問わず、日本全体の働き方を変えることにつながるわけで、多くの事例を生み出しながら、その高いハードルにチャレンジしたいと思っています。

会社 DATA

社名	株式会社 Waris（ワリス）
設立	2013年4月1日
事業内容	ビジネス系フリーランス女性と企業とのマッチング事業「Waris プロフェッショナル」と、女性のための再就職支援事業「Waris ワークアゲイン」を通じ、すべての人の『自分らしい人生（Live Your Life)』を応援する人材エージェント
連絡先	〒101-0045 東京都千代田区神田鍛冶町3丁目7　神田カドウチビル8F URL：https://waris.co.jp E-mail：info@waris.co.jp

米倉 史夏　(株)Waris

最近の私と会社

２０１９年2月より、家族の仕事の都合をきっかけに、ベトナムに住んでいます。現在は、３人の共同代表が、東京、福岡、ベトナムにいるという状況になり、３人でのリモート経営にチャレンジしているところです。ベトナムからのリモート経営は、チャレンジングな部分はあるものの、まさに世界のどこにいても仕事が出来るものだということを実感しています。また、Warisは、昨年、会社のVisionを見直し、新たに「Live Your Life ～すべての人に自分らしい、人生を～」を掲げ、再出発いたしました。「自分らしく生きる」を貫くことは、今の社会にはまだまだいろいろな障壁があります。でも、自分らしく生きたい、そんな思いを持った人にたいして、一歩を後押ししていく、そんなWarisでありたいと考えています。

【STAFF】

構成	岩崎寿次
表紙デザイン	納谷美樹
本文レイアウト	ハナコイセ

リクルート出身社長名簿・女子版 2021

2020 年 12 月 初版発行

編者　SeeSawBooks
　　　http://seesawbooks.net/
発行人 SeeSawBooks 岩崎寿次

ISBN978-4-909690-04-3

落丁・乱丁本はお取替えいたします。
お問い合わせは info2@seesaw.asia